LES CAS DIFFICILES

OUVRAGES DU MÊME AUTEUR

LE CONTE DE L'ARCHER. Illustrations de Poirson. 1 vol. in-18 . . . . 3 50

LE CÉLÈBRE CADET-BITARD. Illustrations de Fraipont. 1 vol. in-18 . . . . 3 50

ROSE DE MAI. Roman, 100 dessins de Courboin. 1 vol. in-18 . . . . 3 50

CONTES A LA BRUNE. Illustrations de Kauffmann. 1 vol in-18 . . . . 3 50

CONTES GRASSOUILLETS. Eaux-fortes de Kauffmann. 1 vol. in-18 . . . . 3 50

EN PLEINE FANTAISIE. Illustrations de Beauduin. 1 vol. in-18 . . . . 3 50

CONTES DE DERRIÈRE LES FAGOTS. Illustrés par F. Lacaille. 1 vol. in-18. . . . . 3 50

POUR FAIRE RIRE. Gauloiseries contemporaines. Illustrations et eau-forte de Kauffmann. 1 vol. in-18 . . . . 3 50

HISTOIRES BELLES ET HONNESTES. Illustrations et eau-forte de Kauffmann. 1 vol. in-18 . . . 3 50

POUR LES AMANTS. 1 vol. in-32, sur papier de luxe. 5 »

DANS LA COLLECTION A 60 CENTIMES

HISTOIRES JOYEUSES. . . . . 1 vol.
HISTOIRES FOLATRES . . . . 1 —
MAÏMA. . . . . 1 —
HISTOIRES GAIES . . . . 1 —

ÉMILE COLIN — IMPRIMERIE DE LAGNY

ARMAND SILVESTRE

LES CAS DIFFICILES

PARIS
ERNEST FLAMMARION, ÉDITEUR
26, RUE RACINE, PRÈS L'ODÉON

LES CAS DIFFICILES

LA DAME SURPRISE

I

Tranquillement assis au pied du perron de Tortoni, Jacques, Blanc-Minot, notre ami le Marseillais Féréol et moi, nous savourions en silence les tiédeurs d'un couchant encore hâtif qui glissait tout le long du boulevard l'or rouge de ses rayons allumant des émeraudes, des rubis et des opales aux verres des consommateurs. Sept heures, à ce moment de l'année, est l'instant le plus délicieux dans ce coin vivant de Paris, pour les flâneurs, au moins, qui aiment les causeries vagues sous la toile des cafés. La chaussée offre le spectacle d'une activité qui meurt au jour pour se ranimer sous les becs de gaz groupés en constellations. L'haleine des lilas roulés par charretées et qu'un jour entier de promenade a cruellement alanguis se fait plus pénétrante, débouchant des rues avec le bruit des voitures qui s'éteint sur le pavage en bois. Tout cela est citadin en diable, affreusement dénué de poésie naturelle, artificiel comme un drame de M. Sardou, mais vivant et d'un charme indicible. Peut-être en trouverait-on le secret dans le grand mouvement féminin qui mêle alors, sur le trottoir, les bourgeoises attardées allant rejoindre le rôti conjugal, les petites artistes dénuées de calèches gagnant leur théâtre lointain et les frôleuses de profession courant après le dîner problématique d'un lycéen en retenue ou d'un Mexicain fantaisiste. Tout cela se croise, semble se poursuivre, marche parallèlement, sans se connaître, avec un grand tapage de jupes, dans un mélange de parfums, traversant les brises chaudes, sous le frémissement des feuilles tièdes et qu'avril achève à peine d'ouvrir.

Nous étions donc, comme notre aïeul le doux Panurge, « en contemplation véhémente », sans grande pensée dans le cerveau, végétatifs accidentellement comme les arbres en pleine poussée, quand un grand éclat de rire immédiatement contagieux et innombrable nous força à sortir des nuages de la méditation. Nos voisins bien élevés se contentaient de se tenir les côtes. Mais tout autour, mécréants et voyous, vendeurs de cannes et marchands de chaînes à dix sous, s'esclaffaient brusquement, avec des clameurs de mauvais goût, des cris de bêtes tout naturels à leur gosier, des exclamations grossières et des gestes indécents. Sujet de cet émoi : une pauvre dame dont la robe, s'étant accrochée à une des armatures de fer qui défendent le pied de nos platanes rachitiques, s'était violemment déchirée au moment où elle montait, rapide, en voiture, si bien qu'on lui voyait, à nu ou peu s'en faut, tout le tour des cuisses : une apparition de chair rose dans le brouhaha du linge effarouché.

— Mon Dieu, que le populaire est dégoûtant et discourtois ! ne put s'empêcher de s'écrier Jacques.

Nous fûmes tous de son avis.

II

— Au fait, reprit-il après un moment de réflexion, c'est toujours une chose fort gênante que de se trouver vis-à-vis d'une femme qu'on surprend dans un déshabillé qu'elle ne méditait pas. Autant l'attitude à prendre est simple quand elle vous attend dans cette tenue familière, autant elle est embarrassante quand cette bonne fortune relative est improvisée par le hasard.

— Il suffit d'un peu de présence d'esprit, dit hardiment Féréol, de son plus délicieux accent méditerranéen.

— Ce n'est pas si simple que vous l'imaginez, poursuivit Jacques. J'ai, dans cet ordre d'idées, une mésaventure à mon actif qui prouve qu'un excès de bonne éducation n'y trouve pas toujours son compte.

— Voyons l'histoire?

— Oh! la plus simple du monde! J'étais en villégiature chez mon ami le baron des Engrumelles, dans sa superbe propriété de la Tourette. Mme des Engrumelles est une des plus belles personnes que je connaisse, mais d'un caractère un peu revêche, très fière de sa réelle splendeur. Car il n'est pas donné de rencontrer souvent un visage aussi noblement modelé qu'encadre une aussi magnifique chevelure, une vraie toison d'or pâle, longue et moutonnante à la fois, un ruissellement de lumière. L'expression hautaine de son regard, l'accent ironique de sa bouche finement relevée aux coins, l'imperceptible et continuelle palpitation de ses narines roses et transparentes, tout dit, en elle, la race et est empreint d'un charme impérieux. Elle m'intimidait considérablement ; mais le malaise visible et respectueux où me mettait la majesté de sa personne ne semblait pas autrement lui déplaire. Pour me gêner davantage encore, cet animal de des Engrumelles faisait semblant d'être jaloux de moi. Au demeurant, nous faisions un trio bien innocent et très bébête.

Je ne connaissais pas trop bien le château. Un matin qu'il pleuvait, vers dix heures, très désœuvré, l'idée me vint de le parcourir. La bibliothèque du baron donnait sur une pièce que je n'avais jamais ouverte. Je poussai machinalement la porte. Un petit cri répondit au grincement de celle-ci. J'avais pénétré dans une salle de bain, juste au moment où madame la baronne mettait son premier pied dans la baignoire. Bien qu'elle me tournât le dos... un dos magnifique !... elle m'avait vu, grâce à une glace posée contre le mur au-dessus des robinets.

— Madame, m'écriai-je, veuillez croire que si j'avais pensé vous voir dans cet état, je n'aurais jamais...

Elle ne m'en laissa pas dire davantage.

— Eh bien ! fit-elle d'un ton glacialement vexé, vous êtes poli !

— Té ! conclut Féréol en éclatant de rire.

III

— Moi, dit Blanc-Minot, je n'eus pas beaucoup plus de chance dans une situation analogue.

— Manque de présence d'esprit ! continua le Marseillais.

— Voyons ton cas, continuai-je.

— Moi, ce n'était pas à la campagne, dit le nouveau narrateur, mais à Paris, dans le meilleur monde, à un bal d'ambassade. Mais ce qui fait mon aventure bien autrement cruelle, c'est que j'étais fort amoureux, au fond, de la dame que je désobligeai par une maladresse du destin. Et qui n'eût pas aimé Mme Bonassieux ! Une brune, celle-là, une brune adorable, pas régulièrement belle, mais si mignonne ! Elle portait ce que Baudelaire nomma si bien « un casque parfumé », ses cheveux d'un noir démoniaque se retroussant, lourds et annelés en volutes profondes à la nuque, pour surplomber le front de leur masse aux métalliques reflets. Elle avait, avec cela, de jolis yeux couleur d'ardoise, un teint mat délicieusement maladif, une bouche petite qui s'ouvrait sur un éclair de nacre. Bien prise dans sa taille, d'une élégance suprême, avec des mains d'infante et des pieds d'enfant ; un ensemble délicat, mais exquis, et des reliefs à peine accusés, mais néanmoins pleins de promesses ! Je n'allais à cette ennuyeuse soirée officielle que pour elle. Rien ne m'en pouvait distraire : ni les phénoménales âneries que débitaient autour de moi les grands cacatoès de la politique ; ni les afféteries des Académiciens venus pour montrer là leur premier habit vert ; ni les marivaudages imbéciles des godelureaux ; ni le sillage des domestiques en mollets promenant des rafraîchissements dans cette foule constellée d'ordres étrangers. Enfin elle parut ! Et son premier regard fut visiblement pour moi... Un instant après, j'aurais perdu sa trace si un jeu de glaces ne me l'eût montrée entrant dans un petit salon dont la portière se referma sur la blancheur entrevue de ses épaules, sa robe légèrement montante n'en laissant voir que fort peu.

Impatient de ne la point voir revenir, je pris le

mêmé chemin. Ce salon conduisait dans un autre moins éclairé encore et complètement vide, le bout des appartements où aucun invité ne pénétrait, la musique et la bombance étant à l'autre bout. J'avançai et faillis tomber à la renverse en apercevant Mme Bonassieux qui, blottie derrière une large console, se disposait à remettre un corset qu'elle venait de dénouer probablement. Sa chemise seule et très basse flottait autour de son torse éburnéen...

— Ah ! madame, m'écriai-je, que je suis heureux !...

Elle se retourna vivement et m'appliqua une gifle en m'appelant misérable.

— Té ! fit Féréol en éclatant de nouveau.

— Voilà qui est étrange ! dit Jacques.

— J'avais oublié de vous dire, poursuivit Blanc-Minot, que sur le marbre de la console étaient posés les deux nénés de ma bien-aimée, deux jolis nénés en crin bombé et qu'elle s'apprêtait sans doute à remettre en place avant de réintégrer le séjour de la danse et des sandwichs.

IV

— A mon tour, dit le Marseillais Féréol, et vous allez voir comment zé me tire de tout, grâce à ma présence d'esprit. Il y a zuste deux zours, ze vais cé mon ami Cascamille qui reste cour Belzunce, au premier de la maison à droite. Z'enfile le corridor et z'arrive au premier, devant la porte de Cascamille.

Ze frappe : Pan ! Pan ! Pan !

Personne ne répond. Naturellement z'entre.

Cers amis, qu'est-ce que ze vois !

Mme Cascamille qui était en train de çanger de cémise. Et l'instant était stremmement critique. Car l'ancienne cémise était déza par terre et la nouvelle cémise était encore en l'air.... Elle m'en montrait un ! ! !

Vous zuzez la confusion de la pôvre femme ! Mais moi ze ne perds jamais la tête. Ze lui dis :

— Pardoun, c'est bien à M. Cascamille que z'ai l'honneur de parler ?

LE MARI CONVAINCU

I

Ce n'est plus sous la tente d'un café, humant les liquides douteux de la distillerie contemporaine, que nous retrouvons aujourd'hui nos trois amis Jacques, Blanc-Minot et le Marseillais Féréol; mais bien dans une allée du bois de Boulogne, ingénieux piétons marchant sur la terre attendrie de rosée, à l'heure matinale où chacun se peut croire propriétaire de cet admirable jardin. Jacques est silencieux ; il pense aux promenades d'antan, quand sur son bras s'appuyait un bras aimé aux tressaillements affectueux ; pour un peu, il chercherait d'un regard oblique, sur sa manche, la jolie petite main gantée de Suède qui y posait de si délicieux abandons. Autour de lui, l'air est imprégné des parfums grisants du souvenir, comme si toutes les fleurs jadis cueillies sur ces routes paresseuses venaient de mourir, en bouquet, à ses pieds. Blanc-Minot suit d'un œil distrait les rares silhouettes de cavaliers et d'amazones qui se profilent sur le rideau de brume où le paysage est comme enfermé dans un horizon qui recule devant eux, rayé par les lignes rares et verticales des arbres. Quant à Féréol, il siffle un air provençal, un air dont le cliquetis sonore des cigales ferait mieux l'accompagnement que la chanson rapide et touchante des fauvettes effarouchées au moindre bruit de pas.

— Je sais encore, dit tout à coup Blanc-Minot, un cas plus malaisé que celui que vous avez si ingénieusement résolu, mon cher Féréol, quand vous surprîtes Mme Cascamille toute nue.

— Et lequel, mon garçon? demanda le moderne Phocéen, en interrompant son solo de hautbois naturel.

— Celui, poursuivit Blanc-Minot, où l'on a eu la langue trop longue.

— Vous dites, mon cer?

— Je dis celui où, par défaut de discrétion professionnelle, on a si malencontreusement conté à de bavards confidents ses bonnes fortunes que le mari lui-même, le mari qu'on trompait avec délices, en est informé.

— Juste châtiment, fit Jacques, d'une faute sans excuses et cependant commune! Car ceux-là sont rares qui savent faire une ombre absolue et un silence complet autour de leur bonheur. Bien peu, en effet, sont suffisamment convaincus que l'amour-propre est le plus cruel ennemi de l'amour. Au reste, il vaut mieux pour la morale qu'il en soit ainsi.

— Et pourquoi donc? demanda Blanc-Minot?

— Mais parce que si les femmes pouvaient mieux compter sur le secret et la probité de leurs amants, il s'en trouverait moins encore pour se donner l'inutile peine d'être fidèles.

— Tout ça, dit Féréol, ce sont zeux d'enfants. Ze vous répète qu'avec de la présence d'esprit on se tire de tout.

II

— Plus ou moins bien, reprit Jacques. J'ai cru trouver un jour, en l'occurrence que nous disons, une formule impeccable, et ne suis pas mieux sorti de l'aventure pour cela. Aussi vous me pourriez martyriser aujourd'hui comme un chrétien de la décadence romaine, que vous ne m'arracheriez pas le nom de celle qui m'accorde *in partibus* de quasi-matrimoniales faveurs. Et pourtant si vous la connaissiez, la farouche, vous m'envieriez l'un et l'autre un bonheur presque invraisemblable, à force d'être grand. Mais plus de bêtises! La leçon m'a suffi que je reçus il y a deux ans.

— Au moins, fais-nous-en profiter.

— Volontiers. Mais à charge de revanche, car l'expérience de nos amis est ce que je sais de plus précieux au monde. Donc j'avais une maîtresse mariée. Créature adorable : toute blanche avec des cheveux d'or ; un lys où des rayons de soleil ont fait leur nid. Femme du meilleur monde et d'irréprochable renommée. Ce que j'avais juré d'être discret! Mais comme l'antique berger, j'avais des folies d'ouvrir un trou dans le sable pour crier à la terre mes joies débordantes et mes surhumaines félicités. C'eût encore été sage auprès de ce que je fis en en glissant le surplus dans une oreille humaine. Le misérable m'avait juré de ne rien dire ; mais sans doute avait-il aussi un ami auquel il ne savait rien cacher. Ce n'était pas à moi à lui en faire le reproche. Un jour le comte — le mari de ma bonne amie était un comte authentique — me prit le bras et m'attira dans un coin : — Savez-vous, me dit-il, qu'on m'a dit que vous étiez l'amant de ma femme?... J'étais atterré ; mais je me crus inspiré par un dieu, et, prenant un air à la fois solennel et sans inquiétudes : — Monsieur le comte, répondis-je, de deux choses l'une : ou vous croyez à cette infamie ou vous n'y croyez pas. Dans le premier cas, je m'étonne que vous ne m'ayez pas encore coupé la figure de votre canne, et, dans le second, je me demande vraiment pourquoi vous me parlez de cela.

Très gravement et avec une dignité parfaite, le gentilhomme répliqua : — Je ne crois pas, monsieur, à cette infamie, et je conserve pour ma femme tout le respect que je lui dois. Mais il me faut une satisfaction devant le monde, et vous voudrez bien m'indiquer sur l'heure où deux de mes amis trouveront demain matin deux des vôtres. Il est bien entendu que je vous demande raison, non pas de m'avoir trompé, mais d'avoir justifié, par vos assiduités, des bruits dangereux à mon honneur.

Le lendemain, vers deux heures, ce noble personnage me caressait la clavicule d'un long coup d'épée. Tout se passa avec une correction parfaite; mais j'en eus pour un mois de lit.

— Pécaïre ! fit Féréol.

III

— J'aime encore mieux ton histoire que la mienne, dit Blanc-Minot. Je doute pourtant que ta comtesse valût, dans toute sa personne, le petit doigt de la délicieuse étrangère dont, pas mieux que toi, je ne sus taire les faveurs. Le mari était un baronnet allemand et j'éprouvais à marauder dans ses terres conjugales je ne sais quelle fausse joie de revanche. Je lui reprenais avec une délicieuse fureur tout ce que je pouvais de Metz et de Strasbourg ; et je mettais à le déshonorer implacablement un patriotique souci. J'aurais poussé, je crois, jusqu'à Berlin dans cette campagne à outrance, quand un accident, dû à mes seuls bavardages, me força à la retraite sous le feu de l'ennemi. La baronnette était une personne admirablement dodue, rebondie à souhait, exquisement vallonnée, et jamais je n'aurais pu rencontrer un champ de bataille plus pittoresque, même dans l'œuvre de Vander Meulen. Très fier de ma stratégie, j'en divulguai les finesses à quelques autres généraux qui en parlèrent sans doute au conseil. Toujours est-il que Léonore — ainsi se nommait ma position fortifiée — me dit, un soir, avec tous les signes de la terreur : — Mon mari sait tout !

Le lendemain, j'attendis chez moi, toute la matinée, ma redingote boutonnée, comme il sied à qui compte sur un cartel. Quand le baronnet entra, je lui rendis son salut avec infiniment de froideur. Je respirai quand il me tendit cordialement la main comme à l'ordinaire. Léonore s'était certainement trompée ? Il s'assit sans aucun embarras et, en jouant du bout de sa canne sur sa bottine : — Mon cher Blanc-Minot, me dit-il, obligez-moi de me prêter deux cents louis... Et le regard qui jaillit, clair, sur moi, de son petit œil bleu, voulait dire à n'en pas douter : « C'est le tarif ! » Je m'exécutai, mais j'en fus gêné terriblement.

— Cela prouve, dit Jacques, que, dans le choix d'une maîtresse, on ne saurait trop compter avec cette personnalité, indifférente au premier abord, qui s'appelle le mari. On s'expose à mille désagréments, outre qu'on se mésallie soi-même, pour ainsi parler, en entrant dans un ménage dont le chef n'est pas un homme de votre monde. Je ne parle pas seulement de l'ennui d'une compagnie souvent beaucoup plus fréquente que celle qui vous charme. Car je sais des femmes qui, pour un quart d'heure de délices qu'elles vous accordent quelquefois, vous condamnent à passer des journées entières avec leur époux. Non! j'élève plus haut le débat, comme on dit au Parlement, et je proclame, comme un principe, qu'on ne doit faire cocus que d'honnêtes gens.

— C'est élémentaire ! fit Féréol.

IV

— Eh bien, et vous, Féréol ? demanda Jacques. Comment vous êtes-vous tiré de ce mauvais pas ?

— Un zeu ! mes enfants, un zeu ! mais touzours ma présence d'esprit. Donc ze quittais Masseille et z'avais le cœur plein d'une çarmante créature qui m'avait fait passer, la veille au soir, un instant d'inoubliable volupté. Nous roulions en wagon, Claudius et moi, avec un autre monsieur que nous ne connaissions ni l'un ni l'autre. Ze contais ma çance à Claudius qui me regardait avec des yeux de rascasse, électriques et phosphorescents. — Té, qu'il me dit, puisque tu quittes Masseille pour touzours, dis-moi qui c'est cette femme, que ze puisse en profiter. — Impossible, que ze lui réponds. Trahir un anze pareil ! Ce serait abominable. — Allons, voyons, puisque ze te promets que ze ne le dirai pas, tu seras tranquille ! — C'est bien pour toi seul au moins ? — Ze te le zure ! — Eh bien, non !... Ce mâtin de Claudius m'offrit un cigare, un cigare écellent qui sentait la noisette. Ze pris le cigare et ze me dis : — Tu peux le contenter un peu. — Ze ne te dirai pas son nom, repris-ze, mais seulement où elle demeure. Cours Belzunce, première maison à gauçe.

Le monsieur que nous ne connaissions ni l'un ni l'autre se retourna.

Claudius me dit : — Si tu me dis son nom, ze te donnerai le *Petit Journal*. Il savait, la coquinasse, que ze lisais le feuilleton. — Zamais ! que ze lui fais. Z'aimerais mieux être coupé en quatre. — Té, alors tu ne sauras pas ce qu'est devenue la belle Arzentière !... Ze n'y tenais plus. — Elle s'appelle Mme Capoulade, que ze lui dis.

Troun de l'air ! Le monsieur que nous ne connaissions ni l'un ni l'autre bondit comme une flèçe et se dressant devant moi :

— Pardoun, monsieur, c'est moi que ze suis M. Capoulade.

Il y avait de quoi être foudroyé. Mais ma présence d'esprit était là.

— Mes compliments, monsieur, que ze lui réponds. Z'ai connu bien des femmes, mais aucune de si agréable que la vôtre.

Ençanté de ma courtoisie, M. Capoulade se rassit en s'excusant. C'est lui qui était foudroyé.

Et Féréol ajouta cette façon d'aphorisme destiné évidemment, dans son esprit, à fixer irrévocablement la jurisprudence en cette matière :

— Quand on a fait une bêtise, il faut touzours savoir la raçeter par une politesse.

L'AMANT INTERROMPU

I

— Quel temps affreux ! dit Blanc-Minot. Toujours de la pluie !

— Le fait est, ajouta mélancoliquement Jacques, que la nature est un café qui varie bien peu ses consommations. J'ai entendu parler quelquefois, dans les campagnes, de pluies de crapauds ; mais les plus savants naturalistes démentent ce fait. Je le regrette absolument. Au moins ça nous changerait un peu.

— D'autant, reprit Blanc-Minot, que cette averse continuelle, ce malséant déluge, cette inondation céleste sont aujourd'hui sans compensations. Tant que les ondées n'étaient qu'un accident climatérique, elles inspiraient, aux femmes surprises par elles, mille maladresses charmantes. C'était miracle de les voir se retrousser désespérément et découvrir le bas aimable de leurs jambes. C'était, sur le boulevard, l'exposition internationale des mollets avec loterie. Ceux qui avaient de la chance voyaient un peu au-dessus de la jarretière; les guignards s'écarquillaient les yeux pour n'apercevoir que des chevilles. Et les petites bottines bien cambrées clapotaient dans un ruissellement de perles, sur l'asphalte luisant comme un miroir où leur image noire se doublait avec un tire-bouchon de blanc au-dessus, vague reflet de lingerie. Quelquefois même, une note confuse de chair rose tremblait dans ce mirage. Mais tout se gâte et l'usage des pantalons est devenu général aujourd'hui pour les dames. Un professeur à l'Académie de médecine m'a affirmé que c'était une des causes du déclin de la santé publique. Le manque d'air!... Il y avait le moment, plus exquis encore, où lasses de trotter dans cette crotte distinguée, les promeneuses guettaient et faisaient signe à une voiture. O minute psychologique délicieuse à saisir, celle où, trébuchant dans les embarras des jupes lourdes à maintenir et du parapluie difficile à fermer, les belles promeneuses engloutissaient à grand'peine, dans la portière battante du fiacre violemment bousculé, la noblesse de leur arrière-train! Tangage exquis, révolte savoureuse du contenant contre un contenu qui l'excède! Et durant cette invasion difficile, le doux et oblique regard du cheval mouillé par-dessus le brancard secoué, s'assurant qu'on ne lui accorde que son dû de voyageurs. N'as tu pas aimé comme moi, Jacques, ces magnifiques effets de pleine lune?

— Moi, dit Jacques, je ne prends jamais d'apéritif que quand je suis sûr de dîner.

— D'ailleurs, conclut tristement Blanc-Minot, ces jours heureux sont passés. La pluie est tellement entrée dans nos habitudes, qu'elle n'inspire plus aux femmes aucune improvisation favorable à la curiosité. Elles l'attendent de pied ferme et, cuirassées moralement contre toutes les fantaisies, munies, comme les marionnettes, d'un tas de cordons cachés qui leur permettent de rétrécir ou d'élargir à volonté le bas de leurs jupes, ne nous révèlent plus rien, à nous badauds mélancoliques qui subissons, sans que rien nous en dédommage, les injustes colères du ciel.

— Té ! dit Féréol, qui n'avait encore rien dit.

II

Nos trois amis étaient entrés à l'Opéra et s'étaient installés dans une loge. Mais l'éclairage intérieur du beau monument de M. Garnier ne leur permettant pas de voir la pièce qu'ils n'avaient jamais eu d'ailleurs la prétention d'entendre, ils commencèrent à causer comme chez eux, mais tout bas, en gens bien élevés qui ne veulent troùbler le sommeil de personne par des bruits inconvenants. C'est ainsi que, n'ayant pas vu sur l'affiche le changement de spectacle, tardivement annoncé, ils assistèrent à la *Favorite*, en croyant qu'on leur servait le *Prophète*.

C'est un des grands avantages de l'Opéra actuel

que les métamorphoses de répertoire, toujours mal accueillies du public, puissent s'effectuer sans que celui-ci s'en doute un seul instant. Elles évitent au régisseur une démarche un peu ridicule. Seule l'administration, austère gardienne du cahier des charges, a sur sa scène des représentants armés de loupes très puissantes et des cornets acoustiques perfectionnés, grâce auxquels ils constatent l'identité de l'ouvrage donné chaque soir.

— J'ai un nouveau cas difficile à vous soumettre, mes compagnons, dit Blanc-Minot. Nous avons étudié ensemble le meilleur parti à prendre quand on surprend une dame inopinément dans les mystères de sa toilette ; et aussi avons-nous discuté sur ce qu'il convient de faire lorsqu'on a, par quelque sot bavardage, instruit soi-même un mari du plaisir qu'on prend à le déshonorer. Mais croyez-vous que le parti à prendre soit beaucoup plus aisé quand on s'aperçoit qu'on est soi-même compendieusement trompé? J'entends qu'on ne l'a pas seulement ouï dire par des malveillants, mais qu'un hasard ou une fatalité vous boute le nez en plein dans votre infortune.

— Le fait est, répondit Jacques, que c'est un fichu moment. Je laisse la question de jalousie à part, puisque j'ai dit, ici même, pour quelles excellentes raisons je répudiais, d'une façon absolue, un sentiment indigne d'intérêt, parce qu'il a sa source non pas dans l'amour qui est l'immortelle excuse, mais dans l'amour-propre que je tiens pour une des plus grandes malpropretés humaines, pour une des sottises les moins pardonnables. Il n'en demeure pas moins, dans l'espèce, une douleur à surmonter, puisqu'il est toujours cruel d'être moins aimé qu'on ne l'espérait, et une attitude à prendre, au point de vue des préjugés sociaux. Il faut, avant tout, ne pas avoir l'air d'un serin.

— Té! dit Féréol sans développer davantage sa pensée.

III

— Moi, reprit le bon Blanc-Minot, je ne suis pas fort satisfait, je l'avoue, de la méthode que j'ai suivie quand m'arriva cet inconvénient. J'aimais sincèrement cette jolie Berthe que vous avez bien connue...

— Tous! dit Jacques sur le ton d'un encouragement.

— J'ai fréquenté quelques blondes dans ma vie, continua le narrateur, mais je n'en ai rencontré aucune qu'enveloppât une telle atmosphère de poésie. Ophélie! mes amis! une Ophélie un peu grasse. Car une femme peut être assez grassouillette et pouvoir encore se noyer à la rigueur, juste châtiment d'ailleurs d'une jeune fille mal instruite en botanique et qui va cueillir des nénuphars pour se faire aimer de son amant. C'est une erreur pharmaceutique dans laquelle ne tomberaient pas les jeunes filles dont M. Paul Bert a entrepris l'éducation. Après ça, cet Hamlet était si bizarre! Je reviens à Berthe : on lui aurait donc donné, sans confession, tout ce qu'elle aurait voulu, le bon Dieu, ou une paire de brillants de préférence; car elle adorait la bijouterie et était notablement plus coquette que pieuse. Au demeurant, une créature d'élite, une nature exceptionnelle et bien élevée. Je l'avais installée à Saint-Cloud, dans une petite maison charmante, à soixante-dix mètres, au moins, au-dessus du niveau de la Seine. Cette attention n'empêcha pas que je la surpris un jour à la Tête-Noire, à deux pas du pont (peut-on descendre aussi bas!), en conversation plus que criminelle avec un lieutenant de cuirassiers.

— Eh bien ! fit Jacques.

— Je souffletai l'homme et nous nous battîmes. Je le tuai même, pendant que j'y étais. C'est comme ça seulement qu'on est sûr d'avoir les rieurs de son côté. Mais tout ce que je gagnai à ce massacre, c'est qu'Ophélie-Berthe me trompât, six mois plus tard, avec un capitaine de dragons. *Quo non ascendam!* était peut-être sa devise. Avec un peu de patience, j'aurais peut-être eu l'honneur d'être fait cocu par un général.

— Té! dit Féréol en faisant claquer sa langue comme un gourmand.

IV

— Ta conduite fut tout simplement d'un petit fol, reprit à son tour Jacques, mon pauvre Blanc-

Minot. Quel motif sérieux avais-tu d'en vouloir à ce digne lieutenant de cuirassiers que je pleurerai toute ma vie et pour qui je ferai dire certainement des messes, quand je rentrerai en dévotion? Car l'Eglise interdit le duel, et le pauvre garçon s'en tire bien s'il n'a que du purgatoire. Est-ce qu'il avait juré fidélité, lui, les yeux dans les yeux et avec son âme tout entière sur les lèvres? Je parierais trois sous contre les œuvres de M. Maxime Du Camp — ce qui est encore, d'ailleurs, un marché de dupe — que non! Qui n'a rien promis ne doit rien. Sauf le cas où celui qui vous trompe était votre ami intime et où vous l'aviez choisi pour lui confier votre femme — ce qui est, d'ailleurs, j'en conviens, un cas assez fréquent, — la seule coupable est l'amante parjure. Je l'ai toujours jugé ainsi; et c'est d'après ce principe que j'ai agi quand j'eus une preuve indéniable de la perfidie de Célestine... Vous vous rappelez Célestine?

— Je te crois! dit Blanc-Minot en riant fort mal à propos.

— Célestine, continua Jacques, était d'un aspect si loyal qu'on l'eût pu prendre pour modèle d'une statue de la franchise. Elle avait coutume de dire d'elle-même : « Moi je suis un honnête homme! » Elle se calomniait. Car vingt ans d'une probité éprouvée, même par les revers, n'auraient pas donné, à l'homme le mieux doué, la gorge appétissante, les hanches délicieusement épaisses, les formes délicatement charnues de cette charmeresse. Elle se calomniait deux fois. Car, avec son air splendidement bébête, elle était rouée comme une potence. Oh ! la belle potence, mes amis ! Que n'y suis-je encore pendu ! Eh bien, si toutes sont comme ça, je ne m'étonne plus que les physiologistes prétendent que la pendaison...

— Il y a des dames, Jacques, fit sévèrement Blanc-Minot en montrant, à son ami, une grosse personne âgée qui se réveillait dans la loge à côté.

— Bref, poursuivit Jacques, toujours ému de son souvenir, le jour où je trouvai un premier clerc d'huissier chez elle, sans autre chemise que celle de ses dossiers posés sur la table de nuit, je n'adressai même pas la parole à cet apprenti tortionnaire des débiteurs malheureux. Je le laissai fort tranquillement se vêtir décemment et regagner la porte avec sa serviette sous le bras, sa serviette qui lui donnait l'air d'un ministre. Mais, quand il fut parti...

— Eh bien ? fit Blanc-Minot haletant.

— Je dis à Célestine ce que je pensais de son indigne conduite ; je l'accablai de reproches et lui jurai que je ne la reverrais jamais. Je me tins parole à moi-même plutôt qu'à elle avec qui je n'avais pas à me gêner. Mais ce fut une sottise héroïque que je fis. Car, au fond de moi-même, je l'aimais peut-être plus encore qu'auparavant et je souffris mille morts, torturé dans ma chair par le regret de cette chair et du corps le plus délicieusement amoureux qu'il m'ait été donné de tutoyer des flancs dans cette vallée de larmes.

— Té ! dit Féréol en allumant philosophiquement sa cigarette.

V

— Eh bien! et vous, Féréol! dit Jacques. Est-ce que vous n'avez jamais été... ?

— Vous voulez rire, coquinasse! dit le bon Marseillais. Ze l'ai été comme un Zozèphe. Mais ze m'en suis touzours tiré par ma présenze d'espritte!

— Contez-nous ça, Féréol, continua Blanc-Minot.

— Vous avez bien connu la première Mme Féréol ?

— Non, firent en même temps Blanc-Minot et Jacques.

— Vous m'étonnez! Une femme superbe, avec un zoli teint de brune; une oranze! Une femme orientale! Quand nous allions ensemble sur la Cannebière, on me prenait pour un eunuque. Z'étais oblizé de montrer qui z'étais! C'est ce salaud de Claudius qui me la débauça. Il en était amoureux pour sa zambe. Vrai, vous ne connaissiez pas la zambe de Mme Féréol ?

— Sur l'honneur! affirmèrent Jacques et Blanc-Minot.

— Vous m'étonnez! Ze crois qu'il lui en voulait aussi pour sa çute de reins; une çute magnifique! Un Niagara de çairs roses! Mais si vous n'avez zamais vu la çute de reins de Mme Féréol !...

— Jamais ! déclarèrent les deux amis.

— Vous m'étonnez ! Enfin, donc, ce salaud de Claudius, il était coucé avec elle dans la serre à melons de ma Bastide, pendant que je péçais la rasquasse pour leur faire une bouillabaisse. Té ! ne prenant rien, ze me dis : « Au moins, tu leur donneras du melon. » Z'approce de la serre sans défiance ! Z'ouvre la porte toujours sans défiance, et je t'aperçois mon bougre avec ma lézitime, qui fort heureusement me tournait le derrière. Oun monumente ! Oune montagne de roses ! Non ! vous n'avez pas vu le...

— Hélas ! murmurèrent les deux anciens camarades de régiment.

— Vous m'étonnez de plus en plus.

— Eh bien ! qu'avez-vous fait ? dit Jacques.

— Ze me zuis monté sur la pointe du pied et z'ai refermé si doucement la porte qu'ils ne se sont aperçus de rien ; puis ze m'en suis retourné en me disant : « Tu as une çance de cocu tout de même que ta femme tournait le dos. »

Et Féréol ajouta, d'un ton de triomphe :

— Comme ça, ze n'ai eu aucun désagrément.

PRIS POUR UN AUTRE

I

Nos trois inséparables, l'ami Jacques, Blanc-Minot et le Marseillais Féréol sont assis dans une avenue du bois de Boulogne, à l'heure où les voitures se hâtent vers l'Arc-de-Triomphe, doré déjà des lumières du couchant. Ils tournent le dos au lac, où palpite un rythme vague de rames paresseuses, où des archipels vivants de canards cheminent dans une écume d'argent, où descendent des clartés rouges coupées par les silhouettes reflétées des arbres. Doucement renversés sur leurs chaises, épaississant dans l'air les buées azurées de leurs cigares, ils regardent passer ce qui reste de Paris quand Paris a émigré vers les thermes et vers les plages, ce Paris estival, autrefois composé surtout d'étrangers, maintenant de concitoyens décavés. Car ainsi va la fortune publique dont les femmes galantes, pour parler comme Mlle Blin, se plaignent beaucoup. *Vénus Meretrix* elle-même nourrit pauvrement ses prêtresses. Tous les métiers se gâtent, même ceux que l'estime générale avait le plus longtemps favorisés. Aussi nos trois compagnons voyaient-ils avec mélancolie passer dans des fiacres piteux de belles créatures dont, en d'autres temps, de plus moelleux et élégants véhicules eussent charreté les charmes impertinents. Ma parole, elles lançaient des œillades à de simples piétons ! Ce regard oblique et suppliant des filles qui ont faim peut-être, et vous sauraient tant de gré d'un louis pour lequel on ne leur demanderait rien, m'est toujours douloureux. On a fait pour les vrais pauvres *la bouchée de pain.* Ne pourrait-on pas faire *la bouchée de sandwich* pour les demoiselles, avec un verre de malaga? Je suis tout prêt à organiser un concert pour cette belle œuvre. On n'a vraiment pas fait assez de musique dans ces derniers temps.

Tout à coup, un monsieur salua en passant devant nos amis.

Tous trois se découvrirent comme font, en pareil cas, les gens de bonne éducation.

— C'est toi que connaît ce quidam ! dit Féréol à Jacques.

— Non, c'est Blanc-Minot, sans doute.

— Moi ? Pas du tout ! dit Blanc-Minot.

Et tous trois, se regardant comme des anabaptistes :

— Il est bien désagréable d'être pris pour un autre, conclurent-ils à la fois.

II

— Désagréable n'est pas suffisant, reprit Blanc-Minot. On ne sait quelquefois comment sortir de ces confusions, et je vais vous conter ce qui m'arriva un jour. J'étais tranquillement en omnibus, quand une dame d'un certain âge y entra comme la foudre, une quinquagénaire pétulante qui, croyant avoir certainement affaire à une de ses connaissances, me tendit affectueusement la main. Par distraction, je la serrai en m'inclinant. Je ne sais encore à qui diable de ses amis je pouvais ressembler à ce point, mais elle se mit à me parler avec une volubilité extraordinaire d'un tas d'intimes qu'elle nous supposait communs et qui m'étaient aussi parfaitement inconnus que le grand Turc. — Et M. Pératé ? — Et Mme Dufessier ? — Et Mlle Van de Beden ? — Et l'abbé Lubricien ? — Et le docteur Lanusse ? — Et maître Vententoutesaison ? — Et la douairière ? — Et le vidame ? — De magnifiques relations, au demeurant, mais un véritable Bottin mâtiné d'Almanach de Gotha. J'étais abasourdi. Et n'osant plus, devant tant de personnes, la tirer de son erreur, je l'y entretenais, au contraire, par de petits signes de tête, une pantomime vague et des interjections affirmant le grand intérêt que je prenais à tous ces gens-là.

Parfois même, je hasardais une remarque qui ne pouvait me compromettre. — Ce bon Pératé ferait bien de ménager sa santé. — Cette excellente Mme Dufessier ne saurait trop s'occuper de l'éducation de ses enfants. — Mlle Van de Beden aurait tort de choisir à la légère un mari. — L'abbé Lubricien avait du mérite, mais pas autant de style que Bossuet. — Bien que médecin, le docteur Lanusse finirait bien par mourir comme tout le monde. — Quoique avoué, maître Vententoutesaison avait une faiblesse pour le papier timbré. — La douairière se disait alliée aux meilleures maisons de France. — Le vidame aurait préféré être marquis..., etc., etc. Ainsi je convertissais en un dialogue animé l'insipide monologue de cette vieille toupie ronflante. Ah ! ne croyez pas que c'est malin ! — Telle est l'extraordinaire banalité des conversations communes que vous pouvez y prendre toujours une part active sans savoir un mot de rien, et en vous demandant simplement ce que M. de La Palice eût dit en pareil cas. Faites l'expérience. On dira ensuite de vous que vous êtes un causeur plein de ressources et un homme d'infiniment de bon sens. S'il y a là des académiciens, ils concevront le désir de vous recevoir dans leur compagnie, où le fauteuil de Calino est toujours vacant.

Cependant, en ayant assez de ce bavardage, je résolus d'y mettre fin brutalement.

— Et y a-t-il longtemps que vous n'avez vu ce délicieux M. Pincecul? me demanda la dame.

— Hélas ! il est mort, répondis-je du ton le plus douloureux.

— Mort ! juste ciel ! Mais je l'ai vu hier matin.

— Mort d'une attaque d'apoplexie, à trois heures.

Ma persécutrice devint vert-pomme. Elle fit signe au cocher d'arrêter.

— Mon ami, me dit-elle, accompagnez-moi, de grâce ! Je ne me sens pas la force de marcher.

Toujours pour ne pas faire mauvais effet, je descendis avec elle et je lui offris le bras en maugréant.

— Allons vite voir sa pauvre veuve en larmes !

C'en était trop.

— Madame, lui répondis-je, je viens de me tromper. Ce n'est pas ce bon M. Pincecul qui est mort, mais un autre.

— Animal ! me dit la dame indignée. Me causer une telle émotion ! Faut-il être assez bête pour prendre ainsi les gens les uns pour les autres !

Et, furieuse, elle m'allongea un coup d'ombrelle que je fus trop heureux d'emporter en me sauvant.

III

— Moi, dit Jacques à son tour; ce fut bien pis. J'aimais alors une femme mariée charmante, et nous nous donnions rendez-vous chez son dentiste. Ça vous paraît drôle peut-être, mais je ne sais rien de plus commode que les cabinets des dentistes en renom comme lieux de rendez-vous. On cause là bien tranquillement d'amour, pendant que les opérés clament comme des veaux dans la pièce à côté, lourdement tendue pour étouffer les cris des victimes. Il y a même une certaine volupté sadique dans ce rapprochement, je ne sais quoi de sanguinairement délicieux qui double le plaisir de la causerie. A force de nous voir toujours ensemble, le bon dentiste nous avait pris pour le mari et la femme et nous faisait entrer en même temps dans son laboratoire à supplices. J'assistais alors à un tas de petites grimaces charmantes de ma bien-aimée, confiant son joli museau rose à l'innocent bourreau. Oh ! ce n'était jamais des opérations cruelles ! De petits nettoyages exquis : l'émail ravivé par des poudres savantes ; le rose des gencives refleuri par quelque mystérieux onguent. Je n'ai jamais vu de ma vie une aussi ravissante petite mâchoire. Elle avait surtout à gauche une petite dent légèrement festonnée comme celles des jeunes caniches et dont j'étais spécialement fou. Quel plaisir je prenais à voir se développer, dans un bâillement volontaire, cet écrin de perles ! Je tremblais chaque fois qu'un outil, si petit et mignon qu'il fût, osait effleurer cette merveilleuse parure...

Un jour, pendant une de ces séances, on vint prévenir le dentiste qu'un de ses enfants était tombé dans le pot-au-feu.

— Permettez-moi de vous quitter un instant pour aller envelopper le pauvre petit de confiture de groseille ! nous dit-il avec infiniment de politesse.

— Quelle chance ! murmura mon amie, nous allons nous trouver un instant seuls.

Et déjà ses beaux yeux m'indiquaient le large fauteuil où tant de malheureux avaient hurlé, où nos baisers allaient retentir : un grand fauteuil de cuir vert au dossier renversé, pouvant devenir presque horizontal comme un canapé. Quel rêve ! Ah ! Seigneur, que ne précipitez-vous plus souvent dans le bouillon les gosses des dentistes ! Le bouillon serait plus gras et vous feriez plaisir aux amants, ce qui devrait être votre plus chère opération au paradis. Déjà l'aimable créature avait posé ses opulentes assises dans le siège transformé. Un inconnu entre comme la foudre, un mouchoir sur la joue.

— Mon mari ! murmura ma bien-aimée.

— Pardon, monsieur, me dit cet intrus. Je savais que c'était ma femme qui était là. J'ai une rage de dents abominable. Vite ! vite ! arrachez ! Je deviendrais enragé ou fou.

Cet animal me prenait pour le dentiste !

Et qui serais-je si je n'étais pas le dentiste, moi qu'il trouvait en tête-à-tête avec sa femme ? Celle-ci me lançait des regards suppliants. Il n'y avait pas à hésiter. Cet homme, par cette bienheureuse confusion, m'avait montré lui-même le chemin du salut.

— Parfaitement, monsieur. Vous permettez, madame ? C'est pour votre mari.

Je renversai dans le fauteuil profané ce trouble-fête, et, saisissant les premières tenailles venues, je lui fis sauter tout un quartier de mâchoire. Vlan ! avec un morceau de la langue pour faire le bon poids. Jamais je n'ai entendu de pareils beuglements. Il sortit en criant : « A l'assassin ! » Ma bonne amie et moi en profitâmes pour nous sauver. Il fit un procès au dentiste qui fut condamné à d'énormes dommages-intérêts, perdit sa clientèle et en mourut de chagrin, ce qui m'affligea beaucoup, car je n'en trouvai jamais un autre dont le salon d'attente me fût aussi commode pour recevoir mes maîtresses.

IV

— Et vous, Féréol, on ne vous a jamais pris pour un autre?

— Si fait. Tantôt pour Émile Zola ; tantôt pour Guy de Maupassant ; tantôt pour Victor Hugo quand il vivait. C'est une raze. Ce fut toujours comme ça dans ma famille. Ainsi moun père... tête antique... profil impérial... menton de César... ceveux à coiffer d'un laurier... tout à fait Napoléon... Mais moins bête. N'est pas mort à Sainte-Hélène.

— Et ça ne vous a causé aucun ennui?

— On me prenait quelquefois pour le roi de Rome. Mais ça ne me façait pas. Ze ne suis pas fier.

— Et maintenant ?

— Maintenant ? Ze m'en tire touzours avec ma

présenze d'espritte. Ainsi l'autre zour, un imbécile m'aborde et me demande : — Seriez-vous, par hasard, M. Cascamille? — Non! que ze lui ai répondu. Ze ne suis pas M. Cascamille, et que si ze serais M. Cascamille, ce ne serait pas par hasard. Ma mère était une honnête femme, troun de l'air.

Et ze ziflai l'impertinent.

EN EST-CE UNE?

I

Elle passait vraiment avec une majesté infinie, et sa démarche n'eût pas étonné de la part de Cornélie, mère des Gracques. Un peu forte, mais d'un embonpoint avenant, elle promenait un visage d'une expression douce mais sans rêverie. Son costume ne manquait pas d'élégance, tout en étant d'une simplicité presque affectée. Telle elle cheminait doucement, ne semblant pas penser à grand'chose, dans le grand rayonnement d'or dont la fin de l'après-midi envahit le boulevard, dardé du faîte des maisons aux vitres incendiées de rouges lueurs, heure exquise pour le flâneur et à laquelle nous sommes toujours sûrs de rencontrer, entre la Madeleine et Tortoni, nos éternels amis, Jacques, Blanc-Minot et le Marseillais Féréol, le seul des trois qui ne manque jamais de dire : « Nous autres de Parisse! »

— Voilà une bourgeoise appétissante! fit Blanc-Minot en claquant des lèvres.

— Une bourgeoise ou autre chose, répondit Jacques.

— Moi, ze ne sais pas, conclut Féréol; mais ze tiens plus de compte à une femme de ses saillies naturelles que de sa position sociale.

En quoi, de vous à moi, Féréol avait joliment raison. Car mieux vaut, pour ce que nos ancêtres appelaient délicatement le déduit, corps savoureux que vingt quartiers de noblesse. Tous ceux-ci ensemble ne valent pas, au demeurant, les quatre quartiers d'une belle lune. Et je n'entends pas parler seulement ici des personnes outrageusement dodues qu'on m'a souvent reproché, à tort, d'aimer exclusivement. Qui dira les surprises que gardent certaines sveltesses sournoises et les jolis trésors rembourrés de chair rose que cachent des jupes à l'ampleur volontairement modeste! La perfidie féminine prend toutes les formes. Mais ce genre d'hypocrisie, qui aboutit au contraire d'une désillusion, est un des plus aimables que je connaisse. Je vous le dis en vérité.

— Encore un cas difficile, poursuivit Jacques.

— Lequel? fit Blanc-Minot.

— Mais savoir si celle dont on a fait un peu brusquement la connaissance est une façon de femme dite honnête, ou une simple hétaïre.

— Qu'est-ce que ça fice? dit Féréol.

— Ça fiche beaucoup pour la manière dont on se conduit avec elle en la quittant pour la première fois, reprit Jacques.

— Bagatelle! dit Féréol.

II

— Je fus ainsi violemment embarrassé, continua Jacques, à la dernière fête de Saint-Cloud. Nous nous étions rencontrés sur les chevaux de bois. Je remarquai subitement que personne ne lui avait offert la main pour en descendre et, au manège suivant, je me précipitai pour lui rendre ce menu service. Elle sortait de l'étrier un petit bout de pied délicieux qui m'avait subitement conquis. Ma prévenance fut récompensée d'un sourire et d'un remerciement tout à fait congru. Ma foi, j'offris mon bras qui ne fut pas accepté tout de suite. Cependant, après quelques pas dans l'herbe roussie et l'odeur des beignets, la lassitude fit ce que n'avait pas fait mon éloquence, et une jolie main gantée se posa sur ma manche. J'étais radieux. Nous allâmes voir un tas de spectacles forains et nous commençâmes à dire des bêtises.

— Que tu m'embêtes avec tes prétérites, interrompit Féréol.

— La soirée passa comme une heure heureuse, rapide et bien remplie. Des bêtises nous en étions venus tout doucement aux tendresses qu'on dit tout bas, et nous poursuivions un entretien plein de charmes, indifférents à la clameur des mirlitons qu'essoufflaient un tas d'imbéciles durant la longueur de l'avenue. Nous atteignîmes le haut de la côte qui domine la Seine, quand le dernier train siffla. Elle fit un petit « Ah ! » plein d'angoisse ; je lui demandai timidement si elle regrettait vraiment cette mésaventure. Elle murmura : « Non ! » le plus délicieusement du monde. Une voiture nous emporta sur le coteau de Suresnes, nous ramenant à Paris par un vrai chemin d'écoliers. Oh ! la belle nuit d'automne où les feuilles mortes envolées semblaient être remontées jusqu'aux cieux pour devenir étoiles !

Le lendemain seulement, longtemps après les baisers d'argent de l'aube et les caresses de carmin du jour grandi, je me demandai à qui j'avais affaire et comment je me devais conduire.

Ma compagne me regardait avec des yeux clairs et curieux, un sourire énigmatique sur les lèvres.

Soudain, elle parut comprendre mon embarras.

— Tu as une jolie bague au doigt, mon mignon, me dit-elle.

Et tirant doucement l'anneau qui semblait lui plaire et dont le diamant était superbe en réalité :

— Comme elle m'irait bien en la coupant seulement un peu !

Le bon goût le plus élémentaire m'imposait le silence.

— Je n'aurais jamais osé te la demander, fit-elle, confuse, en se jetant dans mes bras.

J'étais fixé. Elle venait de me tirer du pied une fière épine, mais elle me faisait payer un peu cher l'opération.

— Zobard ! dit Féréol.

III

— Mon aventure, à moi, est moins poétique encore, continua Blanc-Minot, et je vous la conte surtout pour vous mettre en garde contre une inopportune philanthropie. Je flânais, un beau soir, là précisément où nous sommes, quand une femme descendit de voiture, si pâle et si chancelante, que j'en fus vraiment tout ému de pitié. Elle semblait se soutenir à peine et je ne pus m'empêcher de la suivre avec l'intérêt tendre qu'une misère inconnue soulève toujours en moi. Quand je dis : misère, c'est une façon de parler, car elle était la plus élégante du monde, d'une tenue irréprochable et conforme au meilleur goût. Tête charmante avec cela, dans sa pâleur liliale. Enfin, elle s'arrêta. — Vous êtes souffrante, madame? murmurai-je. Elle ne répondit rien. — Je demeure à deux pas seulement et si vous voulez bien me permettre de vous donner un instant l'hospitalité... Toujours rien! — Appuyez-vous, de grâce ! A ma grande surprise, elle obéit. Un instant après, elle se laissait tomber sur ma causeuse avec un abandon désespéré, en murmurant ces simples mots : — C'est le melon !

Un frisson me passa par tout le corps. Toute la poésie de cette rencontre s'évanouissait, s'envolait en me souffletant d'un ironique coup d'aile. La mystérieuse inconnue avait tout simplement une indigestion. Le secret était ailleurs que dans le désespoir d'amour où je l'avais entrevu, de cette nonchalance délicieuse et de cette langueur qui m'avaient charmé. Il ne me restait à remplir que des devoirs d'humanité banale et je m'en acquittai avec ma conscience ordinaire. J'installai la malade sur mon lit et je me livrai à la confection d'un thé léger qui n'acheva de la soulager complètement que le lendemain matin. Je vous prie de croire que si les nuits de Roméo auprès de Juliette avaient ressemblé à celle-là, il eût impatiemment attendu le chant de l'alouette. J'eus un terrible soulagement quand j'entendis rouler sous ma fenêtre le fiacre qui emportait cette étrange bien-aimée.

Quelle fut ma surprise en recevant, dans la journée, ce laconique billet : « Pardon, monsieur, mais il me semble que vous me devez cinq louis ? »

— Bien fait ! dit Féréol, en éclatant de rire.

— Qu'as-tu répondu ? demanda Jacques.

— Moi, dit Blanc-Minot, j'ai pris aussi une plume et j'ai riposté dans ces termes : « Vous vous trompez, madame; c'est vous qui me devez trois sous ! »

IV

— Eh bien, moi, dit Féréol, ze vais vous dire comment ze me tirai encore de celle-là, touzours avec ma présence d'espritte. Et pourtant ze m'étais mal embarqué, ce zour-là, n'ayant pas un mauvais radis dans ma poce.

— Un maravédis, Féréol, interrompit Jacques.

— Affaire de prononciationne. A Parisse, nous disons : un mauvais radis. Et de fait, ils y sont détestables. Donc, rien dans ma poce et aux prises avec une demoiselle qui ne me semblait pas être le désintéressement en personne, ze taçais de faire honorablement ma retraite. Mais elle ne me perdait pas de l'œil. — Adieu, que ze lui dis d'un air très naturel, en gagnant doucement la porte. — Dites donc, l'ami, fit-elle en m'arrêtant, qu'est-ce que vous me donnez?... C'était un coup droit. Mais z'avais ma parade toute prête. Ze me mis à la bien regarder pendant un moment et ze lui répondis : — Mais ze vous donne de trente-cinq à quarante ans ! — Vous êtes zénéreux ! s'écria-t-elle furieuse. — Ze le sais bien, bagasse !

Et, pendant qu'elle étouffait sa colère, z'étais déjà au bas de l'escalier !

NOUVELLES JOYEUSETÉS

NOUVELLES JOYEUSETÉS

LES DEUX CINCINNATUS

I

Or donc, compagnons, si nous revenions à nos histoires joyeuses?... La dernière alerte est, à fort peu près, passée, ce me semble, et de tout ce grand émoi il ne demeure — pour le grand public du moins, — que quelques ministres mis un peu brusquement à terre. Ne comptez pas sur moi pour les plaindre. Je ne serai jamais le Millevoye de la chute des portefeuilles. L'ambition des hommes politiques n'a d'excuse que la chance de revers aussi subits et immérités que l'avait été leur succès. Les enfants et les peuples auront toujours le droit de casser leurs joujoux et, s'il ne tenait qu'à moi de rapprocher encore la roche

Tarpeïenne du Capitole, ce serait déjà fait, tant je me complais, malgré moi, à la contemplation du nez comique que font, après coup, les victimes de ces culbutes. Que voulez-vous ! Je pense comme La Fontaine, si je le dis en moins bon français, que : « Notre ennemi, c'est notre maître. » Mon anarchisme est d'ailleurs le plus platonique du monde. Simple distraction de curieux qui, en dehors de certaines vertus bourgeoises, des joies ineffables de l'amour et des intérêts sacrés de l'art, tient tout pour une comédie. Oublions et rions comme jadis, l'incident est clos. *Sat prata biberunt.* Vous savez, comme moi, ce que les dames bien élevées appellent rire aux larmes.

Y a-t-il assez longtemps, d'ailleurs, que je vous ai parlé de mes deux vieux amis, Le Kelpudubec et Laripète, l'innocent militaire et l'astucieux marin ! Ils sont tous deux à la retraite, soit ! Mais en vit-on moins pour ne plus toucher, sur la fortune publique, qu'un revenu amoindri, mais qui s'en console en étant incessible et insaisissable ? Car j'estime que mille francs qu'on ne vous peut prendre valent mieux que deux mille à la merci de vos créanciers, et j'attends, pour ma part, avec impatience, le benoît état de pensionnaire pour commencer à faire des dettes et berner les fournisseurs. Ça me sera un plaisir de jeunesse que je n'ai pas pris en sa saison. Que n'en a-t-il été ainsi de tous les autres ! « Qui me rendra les pleurs que j'ai versés pour en faire une mer ? » a dit un poète allemand. Moi, ce n'est pas mes pleurs que je regrette.

Oui, à la retraite tous deux, et dans la même

petite ville de province, à Sainte-Camelle, près Puce (Aveyron) ; j'en appelle, si vous croyez que je mens, au Dictionnaire des Communes. Et je ne dis pas : à la retraite tous trois, bien que cette excellente Mme Laripète soit avec eux. La femme est, en effet, une fonctionnaire qui prend sa retraite le plus tard possible, et Mme Laripète n'a pas encore fait liquider la sienne. Elle n'a pas l'âge d'abord, et puis, par un sentiment de modestie patriotique qui l'honore, elle refuse absolument de laisser compter comme campagnes les années d'Afrique, malgré qu'elle n'y ait pas perdu le temps.

II

L'ex-commandant occupe une petite propriété charmante et s'y livre à un goût, longtemps réfréné pendant son active carrière, pour l'astronomie. Très crédule en matière conjugale, Laripète fut toujours scientifiquement un sceptique. N'ayant jamais compris grand'chose aux rigoureuses démonstrations des mathématiciens, il en a toujours conclu que ceux-ci cherchaient peut-être à lui en imposer. De là son extrême défiance à l'endroit des théorèmes les mieux accrédités et des formules algébriques. Il entendait voir lui-même les choses par leur fond et sonder cet abîme de petites lettres mystérieuses. Bien lui en avait pris, et il ne lui avait pas fallu plus de deux ou trois raisonnements absurdes pour se convaincre que le prétendu mouvement rotatoire de la terre était une billevesée et Galilée un farceur. Tout était à refaire suivant les idées de Ptolémée. Et il s'était mis bravement à tout refaire. Il avait fait construire un petit observatoire à un des angles de son jardin et y avait installé un télescope. Sa méthode était d'ailleurs la plus simple du monde et digne d'un pâtre de la Chaldée. Un kiosque était à quelque distance, où Mme Laripète venait goûter l'ombre souvent pendant les journées lourdes de la canicule et, dominant le kiosque, un très haut peuplier qu'il avait fait dépouiller de ses branches jusqu'au faîte, de façon à le transformer en une sorte de tige rectiligne se dressant sur le ciel. Ce repère vertical d'un genre nouveau jouait, dans ses travaux, le même rôle que le parapluie de M. Bonneau dans les *Bourgeois de Molinchard*. M. Bonneau avait substitué son parapluie au mètre pour la mesure des distances terrestres. Le commandant se servait de son peuplier pour celles des distances célestes et définissait la situation des étoiles dans le firmament par rapport à cet axe singulier, notant avec grand soin les périodes qu'elles mettaient à revenir passer derrière dans leur apparente révolution. Le génie consiste le plus souvent à inventer de ces langues nouvelles qu'on est seul à comprendre, ce qui les fait admirer par tous les gobe-mouches.

Quant à l'ex-amiral, il avait tourné vers l'optique physique ses vues non moins intransigeantes. Car il s'était convaincu que les lunettes dont il s'était servi à bord toute sa vie ne valaient rien. Et, comme feu Spinosa, qui était toutefois un plus grand philosophe que lui, il passait ses journées dans un petit atelier, voisin de la maison du commandant, à imaginer de curieux jeux de miroirs et à combiner des réflexions d'images sur des surfaces polies. Au demeurant, rien n'était plus touchant que la vie innocente et laborieuse de ces deux vieux débris de nos armées de terre et de mer, oubliant, comme l'antique Cincinnatus, dans de tranquilles travaux, le poids de l'épée et l'épique chanson du commandement.

III

Il faut convenir, d'ailleurs, que la pauvre ex-commandante se serait furieusement ennuyée dans la compagnie de ces deux héros en disponibilité de gloire, dont l'un passait ses nuits au sommet d'une tourelle, le regard perdu dans un tube, et dont l'autre ramassait tous les petits morceaux de verre qu'il rencontrait pour les garnir de tain et les incliner suivant certains azimuths. Puis, ni l'un ni l'autre n'était joli. A ces contemplatives occupations, Laripète était devenu obèse et, quand il était assis, on aurait pu dissimuler aisément un corps d'armée, avec son artillerie, derrière son... Comment dirai-je? Son... son... parlons la langue concise et audacieuse de Tacite et disons : derrière le sien ! Cet excès d'assiette ; d'assiette,non ; et de plat, pas davantage... enfin cet excès de santé postérieure, aimable chez la femme, est hideux chez l'homme. Peut-être cependant l'aimai-je encore mieux que l'état de dessiccation absolu où était venu Le Kelpudubec et qui le faisait semblable à un équilibre de quilles comme en imaginent les jongleurs pour montrer leur adresse. Tout craquait, à chaque mouvement, dans sa longue personne, et des menaces incessantes de dislocation prématurée couraient tout le long de son corps osseux. Et mauvais ! mauvais comme une teigne ! Ce que sont volontiers les gens trop maigres qui ne peuvent pas plus pardonner aux autres d'avoir pris du ventre que si c'était le leur propre qu'ils leur eussent pris. Reposons-nous de ces deux vilains portraits en esquissant, d'un crayon rapide, les contours encore appétissants de la commandante. Oui, toujours agréable ; non plus pétulante comme au temps de l'ami Jacques, mais pleine de nonchalances exquises, de langueurs savantes. Toujours femme, en un mot, et cela suffit. *Incessu patuit Dea*. Elle avait gardé son port de déesse, toutes ses dents, et, si quelques fils d'argent couraient dans ses cheveux blonds, comme les fils de la Vierge flottent, en automne, sur l'or fluide des aurores pâlies, sa jolie tête était encore noblement coiffée d'une masse profonde et comme encasquée d'une lumineuse toison.

Mon avis est donc qu'elle était encore fort désirable, et c'était aussi l'avis de M. le comte des Étoupettes, un voisin de campagne pour qui les soirées astronomiques du commandant n'étaient pas perdues.

IV

C'était en rôdant, à la brune, comme un chat qui guette les mulots, que cette canaille d'amiral avait tout découvert. En se glissant le long du kiosque, où il avait cru entendre du bruit, il avait traîtreusement assisté à un spectacle qui ne laissait aucun doute sur cette nouvelle phase du déshonneur de son ami. Il avait beau faire chaud, ce n'est jamais pour causer du prix du beurre qu'une dame se dévêt aussi complètement que l'avait fait la commandante; et ce n'est pas davantage pour discuter les tarifs de douanes qu'elle s'étend sur un divan aux flancs d'un monsieur, comme elle était couchée aux côtés de M. des Étoupettes. Ce méchant drôle (c'est Le Kelpudubec que je veux dire) n'eut qu'un cri étouffé, mais un long cri qui aurait voulu dire, si on l'eût entendu : « Nom d'un chien ! que je voudrais donc payer cette vue à Laripète ! » — Aller le prévenir sur sa colline?... Les amants pourraient filer pendant ce temps-là. Et puis, c'était banal !... Comme une surprise vaudrait mieux !... En s'en allant, avec son secret qu'il roulait dans sa tête pour en tirer le plus cruel parti, l'amiral tout à coup se frotta les mains. Il avait trouvé! La scène devait se renouveler toutes les nuits. Une simple combinaison de miroirs, et il était parfaitement possible de faire arriver en plein télescope du commandant, et pendant que celui-ci guettait avec son instrument le passage d'un astre, l'image parfaite et inattendue de sa femme à peu près sans chemise dans les bras d'un voisin peu scrupuleux.

Le Kelpudubec se mit immédiatement à l'œuvre. Un premier miroir, ayant l'inclinaison voulue, se dressa à quelque distance du kiosque, braqué sur l'intérieur et dissimulé, pendant le jour, par des feuillages. Un autre fut perché dans le peuplier, qui recueillait, par réflexion, ce que lui envoyait le premier. Le calcul des angles d'incidence fut laborieux ; mais le vieux mâtin ne recula pas devant la besogne. Restait à diriger le télescope sur le second miroir et à éclairer subitement la scène. L'amiral arriva au premier de ces buts en se glissant perfidement le jour dans l'observatoire pour y modifier à son gré l'inclinaison de la lunette. Quant au second, il l'atteignit en insinuant, sous le canapé qui servait de lit de repos aux deux amoureux, une petite lampe électrique à incandescence dont il se réservait de diriger le jeu à sa fantaisie, caché qu'il serait, tout près de là, dans quelque buisson.

Ces différents apprêts lui prirent une quinzaine. Mais comme il savourait sa méchante action pendant ce temps-là ! Et avec quelle verve cruelle il chantait tous les matins, en attendant le grand jour, au pauvre commandant descendant de son observatoire :

As-tu vu la lune, mon gas ?
As-tu vu la lune ?

Et il pensait en lui-même : « Ah ! ah ! ah ! la jolie lune que tu verras, mon gaillard, ce soir-là ! La lune de ta femme, mon vieux ! Une pleine lune dont tu garderas un croissant à perpétuité ! »

Et, furieusement, plein d'une gaieté féroce, il reprenait :

As-tu vu la lune, mon gas ?
As-tu vu la lune ?

Et la commandante ? Et M. le comte des Etoupettes ? Ignorants de l'épée de Damoclès, dont leurs joies innocentes étaient menacées, ils continuaient de trouver la vie très douce sous la voûte étoilée du ciel.

V

Tout est prêt. Le bijou lumineux est glissé sous le divan. Le Kelpudubec, à son poste, tient le bouton de la pile. La commandante et le comte sont à leur poste aussi, et ce qu'ils tiennent ne vous regarde pas.

Un seul homme n'est pas à son poste. Un

acteur essentiel de cette comédie manque son entrée.

En reprenant ses observations, sans s'apercevoir précisément qu'on avait modifié l'orientation verticale de son télescope, le commandant se trouva mal à l'aise pour reprendre ses travaux. Il avait fait grand vent la nuit précédente. Le peuplier aurait-il été courbé légèrement?

Il fallait en avoir le cœur net. Notre ami descendit de son monticule et se dirigea vers le kiosque. Mais, en route, il pensa qu'il s'était trompé et que cette hallucination lui était venue d'une fausse digestion. Le fait est qu'il avait mangé du melon à son dîner, avec une intempérance manifeste. Le melon opprimé demandait un exeat. Le commandant se prépara à lui signer sa levée d'écrou en procédant à celle de sa chemise, suivant les rites ordinaires des geôliers préposés à la garde de ces prisonniers indigestes... Ah! ah! malins! Vous croyez à un de ces bruits malséants dont on m'a tant reproché les littéraires échos! Non! non! Plus de musique dans mes récits! Vous aurez beau dire, comme le clown Billy Hayden : « Miousique! Miousique! » mon orchestre éolien ne préludera plus pour vous.

Croyant le moment venu, l'amiral lâcha la lumière, de façon à éclairer subitement le kiosque.

En même temps, il guigna de l'œil le premier miroir qui devait refléter l'image des coupables et la transmettre au second.

Un cri d'horreur faillit s'échapper de sa poitrine.

Pour son œuvre libératrice, Laripète, par un

hasard providentiel, s'était juste posté devant cette première glace, obstruant, des ampleurs de sa personne, toute autre image; si bien que Le Kelpudubec fut seul à voir quelque chose, et ce quelque chose était l'épouvantable postérieur du commandant.

La clarté électrique n'avait fait que glisser dans les ombres.

— Encore un éclair de chaleur ! dirent simultanément Laripète, la commandante et M. le comte des Étoupettes.

Le Kelpudubec s'éloigna, furieux de sa méchanceté inutile. Il faillit contracter la jaunisse foudroyante quand, le lendemain, et bien innocemment pourtant, ce fut le bon Laripète qui, pour le remettre en gaieté, lui chanta :

As-tu vu la lune, mon gas ?
As-tu vu la lune ?

LE COMBLE DE L'HOSPITALITÉ

I

— On a toujours coutume de vanter l'hospitalité écossaise, depuis la *Dame blanche* surtout, me dit le chevalier des Arcis. Mais celle-ci n'est qu'une gnognotte ridicule auprès de l'hospitalité hollandaise, laquelle est, certainement, la première du monde. Mon arrière-grand-père avait coutume d'en donner un exemple tout à fait typique et pittoresque. Mais je vous préviens que l'histoire est un peu grasse, et je ne sais vraiment si je la puis conter devant vous.

— Je vous en prie, chevalier. Vous vous tirerez des périls de ce récit par d'extrêmes délicatesses de langage, et moi-même, quand je narrerai la chose à d'autres, je tâcherai d'égaler le raffinement exquis de vos métaphores. Car ce genre de contes n'a d'excuse que l'adresse qu'on met à les faire passer et supporter, même aux délicats. Il en est, je le sais, qui s'obstinent à les proscrire d'une façon absolue. Mais ce sont gens qui n'ont pas une goutte de sang gaulois dans les veines et pour qui n'ont écrit aucuns de nos vieux auteurs français, ni le divin Rabelais, ni même son arrière-petit-neveu Honoré de Balzac, dont les drôlatiques propos ne sont pas la moindre gloire. Or, l'avis de ces chattemiteulx, de ces renfrognés de nature, de ces ennemis du franc rire, de ces hypocondriaques endurcis, de ces solennels à rebours, de ces sournois compagnons ne me chault davantage qu'un mauvais verre de piquette après une fraîche lichée de généreux vin bourguignon. Ces inamovibles de la tristesse et du sérieux ne sont pour moi que des comédiens de petite gresse et qui méconnaissent le souverain pouvoir de l'art à qui il appartient toujours de donner à de simples vessies l'éclat de magnifiques lanternes, tant sont subtils ses artifices et ingénieuses ses ressources. Beaucoup d'honnêtes personnes pensent absolument comme moi, à ce sujet. Vous pouvez donc conter, chevalier, à la condition toutefois d'être plus réservé dans votre langage et plus choisi dans vos termes que s'il s'agissait d'un grand fait historique ou de quelque beau problème savant.

— Ainsi l'entends-je, Dieu merci !

Et le chevalier commença :

II

— L'aïeul dont je vous parlais, fit-il, était un franc aristocrate et, bien que d'un âge à ne se plus guère mêler de conspirer contre les gouvernements, il avait dû fuir, dès Quatre-vingt-neuf, et chercher à l'étranger une nouvelle patrie où l'on eût quelque chance de garder sa tête sur ses épaules jusqu'à la mort naturelle. Il avait choisi la Hollande et s'était retiré à Anvers. Bien lui en avait pris, car je ne sais au monde de plus aimable pays et dont les habitants soient plus affables aux étrangers. Ses belles manières, son éducation parfaite, ses goûts élevés l'avaient fait admettre immédiatement dans la meilleure société de la ville. C'est même en revenant de dîner chez le bourgmestre, qui avait trop bien fait les choses, que lui advint l'inconvénient dont il me faut vous donner l'idée sans insister plus que de raison. Me permettez-vous le mot « colique? »

— A la rigueur, oui, chevalier. Je l'ai trouvé dans d'excellents auteurs et il est dans des dictionnaires médicaux. Or, la science purifie tout ! Mais je vous préviens que je n'irai pas plus loin.

— Coupé en deux par ce méchant mal qui lui venait d'avoir trop mangé de sarcelle aux confitures — car ce mets est indigeste au premier chef, et je ne connais de pire que le homard aux poires tapées, — le pauvre homme errait par les rues, cherchant quelque coin désert où il pût faire mine de s'asseoir sur une invisible chaise. Mais rien ! les beaux trottoirs fraîchement lavés, le long des maisons au seuil impeccable, et l'astre calme des nuits inondant de ses clartés pâles cette blancheur immaculée et cette propreté impitoyable. « Heureuse la lune ! pensait le pauvre diable. Elle a du moins le champ des étoiles pour se sauver et elle peut, à la rigueur, se cacher derrière la grande ourse pour rêver en liberté. » Les plus sublimes courages faiblissent sous l'obstination du destin. Les jarrets du martyr se ployèrent d'eux-mêmes ; sa jolie culotte de soie descendit le long de ses mollets, comme mue par les mains silencieuses du sort en personne. Deux lunes au lieu d'une à l'horizon !... Oui, mais aussi deux mains s'abattant sur ses épaules. La force armée l'appréhendant et une milice tout entière l'arrachant à sa méditation musicale pour le traîner devant le grand chef de la police. Celui-ci, qui comprenait le français, lui parla avec douceur, tout en lui faisant comprendre l'énormité de son délit. — Notre grand grief contre les Espagnols, lui dit-il, au temps où ils occupaient ce pays, était moins la cruauté de leurs procédés que leur entêtement à tout salir sur leur passage, en malpropres méridionaux qu'ils sont. Nous pardonnerions, à la rigueur, au duc d'Albe, mais jamais à ses grossiers compagnons qui rendaient nos belles chaussées nauséabondes. Voilà pourquoi nous avons fait des règlements si sévères et punissons de la prison les infractions du genre de celle dont vous vous êtes rendu coupable. Néanmoins, pour cette fois et par considération pour votre ignorance de nos lois, je vous fais grâce. Mais n'y revenez plus !

Mon arrière-grand-père se confondit en remerciements. Toutefois, avant de quitter ce généreux fonctionnaire, il lui demanda comment il s'y devrait prendre à l'avenir, si pareille incommodité lui survenait à nouveau.

— En ce cas, lui répondit le grand chef de la police, vous n'avez qu'à frapper, à la première maison venue, trois petits coups à la porte simplement. On comprend tout de suite, et ce qui vous est nécessaire sera mis à votre disposition.

— Noble pays ! pensa mon aïeul.

III

Mais il est temps de passer à d'autres personnages autrement élégiaques et sentimentaux. Or donc, connaissez la belle Gudule Van Petersen, légitime épouse de l'arquebusier Van Petersen, le premier de la ville, et la plus exquise des bourgeoises qui aient vécu. Car c'était un printemps de lis et de roses, des bottes de marguerites blanches et de fleurs de pêcher mêlées sous un ruissellement de soleil. Autrement, ne saurai-je exprimer que par cette image la fraîcheur merveilleuse de son teint et le blond divin de sa chevelure. A moins que je ne vous représente un ruisseau de lait coulant des sommets jaunes de miel du mont Hymète ; ou encore une avalanche de neige se déroulant sous la dernière caresse du couchant. Oh ! les belles chairs d'arquebusière, candides et rebondies ! La belle nappe servie devant l'appétit des galants et toute chargée de friandises délicieuses, godiveaux de baisers, croquembouches...

— Chevalier, vous devenez inconvenant !

— Aussi m'arrêtai-je. Je n'en ai que trop dit pour mon propre repos. Cette belle avait un amoureux, le luthier Van de Boom, un joli et timide garçon qui composait, pour ses propres instruments, de fort agréable musique et y adaptait, pour son amie, d'amoureuses paroles ; habile d'ailleurs dans son art, citoyen dévoué à son pays, nature sympathique au demeurant, mais un peu bébête. Quand la belle Gudule en eut assez, ayant remarqué un capitaine plus digne de l'aider à tromper son mari, elle lui écrivit que celui-ci avait des soupçons et qu'il fallait rompre au plus vite. Le pauvre Van de Boom crut qu'il rêvait, en recevant cette nouvelle ; sa surprise douloureuse fut telle qu'il en laissa choir de ses mains un magnifique stradivarius qu'il était en train de réparer. Puis il se mit à pleurer si amèrement qu'il remplit complètement d'eau une guitare qui se trouvait sur la table et dans laquelle une grenouille qu'il avait apprivoisée — car il n'avait que des goûts simples et champêtres, le digne garçon !

— se mit à nager avec délices. Après quoi, il trépigna si furieusement des jambes, dans la crise nerveuse qu'il eut, qu'il tricota, sans s'en apercevoir, tout un bas de laine commencé par sa gouvernante et qui avait roulé sous son tabouret. Et tombé à terre, sur son séant, il y secoua de si terribles soubresauts de toute sa personne, qu'il pila, sans le vouloir davantage, trois ou quatre kilos de sucre qui avaient perdu leur équilibre dans ce brouhaha, et il les réduisit en poudre si fine que les mouches elles-mêmes éternuaient en y voulant goûter. Ah! si la mécanique entreprenait d'utiliser toutes les forces vives dégagées par nos passions, on se pourrait bien passer autant d'électricité que de vapeur. Il est temps que la morale envahisse la science et proclame ainsi l'unité de toutes les connaissances humaines.

— Chevalier, vous êtes par trop convenable.

La lettre de Mme Van Petersen à son malheureux ami se terminait ainsi : « Venez ce soir à neuf heures. Mon mari sera sorti. Mais je ne veux pas vous recevoir : je ne le puis. Vous frapperez tout doucement à la porte d'entrée. C'est moi qui serai derrière. J'ouvrirai le judas et vous passerai un petit coffret dans lequel vous trouverez toutes vos lettres. Vous les reprendrez et vous me rendrez les miennes. Ce sera l'adieu éternel ! O Thomas ! mon cœur se brise à cette pensée. Je souffre mille morts ! j'agonise... Soyez exact. Car il fait bien froid derrière la porte. Que je suis malheureuse ! Je vous permets de m'apporter un dernier bouquet. Je le garderai tant qu'il sera frais. — Votre Gudule ! »

Un tel sanglot s'échappa de la poitrine du luthier en achevant cette lecture que toutes les croisées de la maison s'ouvrirent à la fois et que son chat, croyant à une tempête, se cacha sous son lit.

IV

Le soir, neuf heures moins un quart... — Hum ! hum ! fit mon arrière-grand-père. Est-ce que ça va me reprendre ? Neuf heures moins dix... — La peste soit de ces nourritures flamandes ! je suis repincé, c'est certain.... Neuf heures moins cinq... — Ma foi ! tant pis ! faisons ce que m'a dit cet excellent grand chef de la police.

Et, résolument, mon doux aïeul s'en fut frapper au premier huis qui se trouva sur son chemin.

Dès le premier choc, un judas s'ouvrit et une main lui tendit une façon de cassette ouverte dans laquelle il distingua nettement quelques papiers. — Voilà mon affaire, pensa-t-il. Le doute n'est pas permis. Quelles excellentes gens ! ils ont pensé à tout. Et quel empressement ! ils n'ont pas même attendu le troisième coup !

Donc il prit la cassette, la posa par terre, et...

— Prenez garde, chevalier des Arcis !

— Au fait, qu'ai-je à vous dire de plus ? Vous

avez pénétré ma pensée, n'est-ce pas ? Vous savez aussi bien que moi la nature des joailleries qu'il déposa dans le coffret et l'usage qu'il fit des correspondances incluses dans la mignonne boîte. Rapide comme l'éclair, il la referma et la replaça dans la main toujours tendue qui l'attendait en dehors du guichet.

— Grand merci, fit-il, et il s'en allait très joyeux quand il se faillit heurter contre le doux Van de Boom qui arrivait, tandis que tintait la neuvième heure au magnifique beffroi. Celui-ci, toujours pleurant, tenait entre ses doigts un énorme bouquet de roses. Il s'arrêta stupéfait, les fleurs en avant, si bien que mon arrière-grand-père crut que c'était à lui qu'elles étaient offertes.

— Grand merci ! fit-il une seconde fois. Et prenant le bouquet il s'en fut, durant que le luthier anéanti demeurait sur place, muet comme un barbillon.

Et mon aïeul écrivit cette phrase dans son beau livre sur la Hollande : « Les Anversois poussent à ce point la délicatesse dans l'hospitalité, que, non contents de mettre à votre disposition tout ce qui est nécessaire aux moindres besoins de la vie, ils vous offrent ensuite des roses pour en effacer immédiatement le souvenir. »

NUIT D'AVRIL

> O spectre, monstre insatiable,
> Ne m'en demande pas si long !

I

C'est aux grands poètes seulement, aux maîtres divins de la Lyre que convient, pour compagne, la Muse en tunique blanche dont Ingres nous a montré la belle main romaine, tendue au-dessus du front neigeux de Chérubini. Clémente aux faibles aussi bien que sublime aux forts, elle revêt les formes plus modestes pour veiller sur nos humbles nids à musique, l'Immortelle qui se fit cigale à la fenêtre du tisserand Magu, grillon dans la haute cheminée du boulanger Reboul, mouche bavarde aux ailes dorées dans la boutique du perruquier Jasmin, et qui, aujourd'hui encore, comme un papillon qui a perdu sa route, vole à travers l'atelier du chansonnier J.-B. Clément. Car elle est douce aux humbles faiseurs de vers, la Muse, et jamais je ne l'adorai davantage qu'au temps, lointain déjà, où elle me venait consoler sur les bancs d'une école militaire, pendant la longueur des études arides ou des cours bafouillés par des membres de l'Institut. Quel était son costume alors et comment m'apparaissait-elle ? Comme une écolière qui prend les plus longs chemins pour voler des mûres aux haies, comme ma petite camarade d'enfance qui ne me quittait jamais que lorsque nous avions les lèvres barbouillées du même butin, la blonde fillette dont je vous ai parlé souvent et dont la chevelure d'or fluide a laissé à tous mes rêves comme une lumière d'aube ensoleillée. Non, la Muse n'est pas toujours la solennelle personne qui ne revient ici-bas que dans les sublimes peintures de Puvis de Chavannes, drapée dans un peplum, et portant dans ses yeux célestes la mélancolie hautaine des Olympes, sur son front l'orgueil des neiges des Hélicons. C'est aussi une bonne petite amie, la seule qui ne trahira pas les amants pauvres. C'est une fée bienfaisante qui charme les heures laborieuses et ne dédaigne aucun de ceux à qui la soif de chanter, plus impérieuse que celle de boire, vient aux lèvres.

Voilà pourquoi nous pardonnerons au jeune élève pharmacien Euripide Fleurent, septième du nom, appartenant à une noblesse qui n'était ni de robe ni d'épée, ou du moins qui était d'une épée particulière, mais à une noblesse incontestée, celle qui nous vient des livres immortels, nous lui pardonnerons, dis-je, de s'exercer au noble jeu des rimes, un soir que son patron, M. Leroy-Delory fils et sa femme dînaient en ville, lui ayant abandonné la garde du laboratoire et de ses annexes publiques.

II

Euripide Fleurent était, d'ailleurs, deux fois excusable de faire des vers au lieu de piocher le codex qui n'est pas, que je sache, plus amusant que les romans de M. Cherbuliez. Outre qu'il était, en général, amoureux de poésie, il était amoureux, dans l'espèce, d'une demoiselle qui, bien que moins guindée dans une renommée immaculée que Jeanne d'Arc, le faisait néanmoins beaucoup souffrir. Céleste Piton — ainsi s'appelait cette inhumaine — était une brune agréable dont le pauvre garçon s'était absolument féru. Elle en profitait pour le martyriser à plaisir : car c'est une générosité particulière aux femmes que d'infliger à qui les aime vraiment les plus cruels supplices, quitte à combler de faveurs les gens qui se moquent absolument d'elles. Je n'ai jamais compris la mystérieuse splendeur de cette loi compensatrice; mais la beauté de la femme excusant tous ses travers, mettons que cette loi est belle de la splendeur même de l'être à qui elle s'applique communément. Je reviens à mon poète. Cette passion était d'autant plus fâcheuse que, bien que non récompensée, et peut-être pour cela même, elle l'empêchait de songer sérieusement à son établissement. Or, un pharmacien célibataire ne se conçoit pas. Voyez-vous un homme dont les nuits se passeraient, aussi bien que les jours, à confectionner des pilules ! Mais l'humanité tout entière, malgré sa bonne volonté à ce genre d'exercice, n'arriverait jamais à les avaler. D'autant qu'au point de vue de la fabrication des pilules, les gens de la politique font aujourd'hui aux apothicaires une concurrence dont ceux-ci ne se tirent qu'en cumulant la politique et l'art des lavements. Oui, il était urgent que notre Euripide se mariât avant de s'établir. Rien ne lui manquait d'ailleurs pour cela, pas même la femme dont généralement on ne se préoccupe qu'en dernier lieu. Car, ce n'était un mystère pour personne, dans la ville, qu'il fût accueilli comme un fils dans la famille Capoulat qui avait du bien, et que Mlle Hortense Capoulat le vît d'un œil excellent et, de plus, d'un œil fort beau. Car le regard de cette blonde exquise avait la douceur d'un rayon de soleil réfléchi par l'azur vivant d'une source s'ouvrant entre des roseaux jaunis par l'automne et pareils à de longs cils. Oui, messieurs, je n'hésite pas à proclamer que cette vertueuse fille des Capoulat était beaucoup plus sérieusement belle que cette péronnelle de Céleste Piton. Elle soignait, de plus, merveilleusement son père qui n'avait pas le ventre suffisamment généreux, et l'éducation, aussi bien que la nature, l'avait parée d'une foule de vertus domestiques absolument inconnues à sa rivale. Vous savez maintenant certainement pourquoi le jeune Fleurent lui préférait celle-ci, par ce genre de perversion et ce sens vraiment démoniaque qui nous éloigne de ce qui nous rendrait heureux pour nous jeter aux bras de qui nous fera souffrir. Cela est vrai de tous temps et je n'en veux pour exemple que le triumvir Antoine sanglant aux pieds lacés d'or et de pierreries de Cléopâtre. Donc Euripide, durant que les ipécacuanas, les sénés et les digitalines s'ennuyaient à crever dans leurs bocaux, avait commencé un sonnet à sa belle, un sonnet dans le goût du dix-septième siècle et dont le premier vers était :

Si Philis voulait le permettre...

quand un client entra.

III

Par extraordinaire, notre ami, qui connaissait toute la ville, ne connaissait pas ce monsieur, qui lui parut d'allures étranges, et lui tendit une ordonnance signée d'un des docteurs de l'endroit, sans entrer en conversation davantage. Euripide parcourut des yeux le papier, sans entamer non plus d'entretien. Il était assez vexé que ce quidam lui eût fait perdre un second vers, presque aussi heureux que le premier ! Une simple potion à la magnésie destinée à stimuler une paresse d'entrailles ! Peut-on bien déranger un poète pour une pareille misère ! Tout ce qu'on peut témoigner de dégoût à un client par sa manière de le servir, Fleurent le prodigua à cette façon de trouble-fête. Celui-ci ne parut pas y faire grande attention d'ailleurs. Il paya de l'air le plus indifférent.

— Agitez avant de vous en servir ! lui dit néanmoins le poète interrompu dans ses travaux, en lui ouvrant la porte. Car il est de tradition en pharmacie d'ajouter toujours un petit conseil au médicament. Cet avis entre dans le prix du remède pour plus que la valeur intrinsèque de celui-ci. Le reste du prix est, en effet, presque absorbé par le temps dépensé à planter des cachets sur les bouteilles, à en ficeler le bouchon et à entourer le tout de plusieurs papiers. Je me suis souvent dit que ce temps étant perdu par le client qui attend, autant que par le pharmacien qui enveloppe et étiquète, il y a injustice à ne le rembourser qu'au second. Mais ce n'est pas le moment où ces messieurs font nos lois qu'il faut choisir pour espérer, en cette matière, un amendement préjudiciable à leurs intérêts.

Une fois sa porte fermée, Euripide, à qui sa conscience ne reprochait rien, éprouva un soulagement considérable. Il allait pouvoir se remettre à son sonnet. Justement le second vers, un instant chassé par l'inopportun visiteur — car les vers sont pareils à de beaux coléoptères aux ailes dorées qu'il faut saisir, comme le vieux Mathurin, à la pipée, pendant qu'ils bourdonnent, railleurs, autour du filet transparent de votre pensée — son second vers lui revenait. C'était :

Sur des rhythmes émollients.

Mais soudain ses yeux s'arrêtèrent sur le flacon dont il s'était servi pour préparer la potion de tout à l'heure et qu'il avait laissé sur la table. Un cri terrible sortit de sa poitrine ; et pâle, inanimé, il se laissa choir sur une chaise, en agitant convulsivement les pieds et les mains comme pour repousser une vision épouvantable.

Fatalité ! Fatalité ! Dans son extase poétique, tout au désarroi de son sonnet interrompu, sous l'empire d'une distraction bien naturelle à un rimeur, c'est dans le flacon d'arsenic qu'il avait puisé les trente grammes de magnésie destinés à épurer le teint du client inconnu !... de quoi tuer un régiment, musique en tête.

IV

Quand il revint de cette cruelle syncope, Euripide, qui n'était pas un simple rêveur, comme beaucoup de poètes qui n'ont pas étudié la pharmacie, se dit qu'il fallait à toutes forces retrouver le malheureux qu'il avait si violemment trompé sur la qualité de la marchandise vendue. Prudent comme le serpent qui s'enroule au socle des bustes d'Hippocrate et qui veut dire qu'il faut se méfier des médicaments, l'élève apothicaire ferma soigneusement la boutique au dehors pour que son patron ne s'aperçût de rien en rentrant. Il poussa l'astuce jusqu'à couper le cordon de la sonnette de nuit, afin que M. Leroy-Delory fils ne pût, en se levant lui-même, s'apercevoir de son absence. Ces précautions prises, il se rua par la ville, comme un fou, décidé à entrer dans toutes les maisons où il verrait les fenêtres encore éclairées. Car il se disait très judicieusement que, si le remède était pour la personne même qui l'avait demandé, celle-ci n'avait pas encore eu le temps de se coucher et que, s'il était pour une tierce personne, on veille toujours tardivement dans les chambres des malades.

Il faisait une adorable nuit d'avril, à peine tiède, tout embaumée, pleine des chaudes promesses de l'été qui viendra, avec un souvenir frileux de l'hiver qui s'en est allé ; une nuit bleue où les étoiles, très haut perchées et scintillantes dans l'azur profond, semblaient les derniers grains de givre envolés des croisées et s'enfonçant, poussière diamantée, aux solitudes infinies du firmament. L'âme des amours réveillés par les premiers soleils flottait incertaine autour des pommiers défleuris où veille le souvenir de la première et immortelle tentatrice ; un enchantement s'exhalait des fleurs encore étonnées et qu'allaient alanguir, comme des yeux chargés de caresses, les larmes de la rosée.

Mais le pauvre Euripide Fleurent ne pensait pas à toutes les choses douces et charmantes de la nature rajeunie et du renouveau vainqueur du temps. Il frappait et grimpait partout où il voyait de la lumière. Un barbon tendait un lait de poule à sa moitié. — Ne buvez pas ! s'écria notre ami en entrant comme une bombe. C'est du poison !

— Misérable ! tu voulais te débarrasser de moi ! cria une voix de vieille. Fleurent, qui avait vu tout de suite qu'il s'était trompé, était déjà au bas de l'escalier; mais toute la rue était pleine des clameurs du ménage antique dont il avait troublé si maladroitement la sérénité.

Un instant son cœur battit plus fort. Il y avait une fenêtre éclairée chez les Capoulat ! Mon Dieu, si c'était son futur beau-père qui avait envoyé chercher la malencontreuse potion ! C'était à supposer, étant donné l'état de constipation opiniâtre de ce bon citoyen. Il se rua dans l'appartement. Il avait deviné une partie de la vérité. Sa charmante Hortense préparait un apéritif d'un certain genre à son papa, mais un apéritif qui ne vous reste jamais à la gorge et qu'on est sûr de ne pas avaler de travers. C'était un touchant spectacle que celui de cette vierge pudique caressant de ses blanches mains le cylindre d'eau tiède pour s'assurer que son contenu ne brûlerait pas la langue du patient. — Parbleu ! Elle pouvait en être certaine ! — Monsieur Euripide, dit-elle d'une voix très douce et en rougissant à son futur, vous arrivez à point, et c'est un bon vent qui vous amène, car vous êtes plus adroit que moi, et avez plus de coup d'œil pour ces choses-là. Euripide comprit et lui rendit le bon office qu'elle souhaitait, ce qui le fit rentrer dans le cœur de la famille, et particulièrement du père Capoulat, lequel commençait à se froisser des façons peu empressées de son futur gendre. Ce coup de main donné à sa famille à venir, Fleurent se sauva en murmurant : « C'est un ange ! » Et c'était de cette délicieuse Hortense qu'il parlait, tout en enjambant quatre à quatre les étages.

Quelques incidents sans importance causés par des visites imprévues ; puis une émotion nouvelle. Il y avait aussi de la lumière à la croisée de Céleste Piton, celle pour qui il avait, en rimant, fait cette bêtise. De la lumière à deux heures du matin !... Dieu, si c'était elle qui avait absorbé !... Un peu de jalousie lui monta aussi au cœur. L'appartement de la jolie brune était au rez-de-chaussée. Les volets étaient encore plaqués au mur... La croisée était entr'ouverte. Euripide n'y tint plus. Il poussa un peu et vit... Ah ! monseigneur, Dieu vous épargne de voir jamais celle que vous aimez dans un pareil équipage de trahison !... Ah ! le doute n'eût pas été permis à Sganarelle lui-même.

— Perfide ! cria d'une voix lamentable le jeune pharmacien hors de lui.

Un homme bondit de la couche coupable de Céleste ; un grand gaillard qui, sautant par la fenêtre, administra à Fleurent une magnifique volée, en lui criant : — Si tu veux savoir qui je suis, je suis le maréchal des logis Boulingrin, du

3e d'artillerie montée ; et si tu ne viens pas me faire des excuses demain matin, après la diane, et pas plus tard, je te forcerai à t'aligner avec moi, et je te tuerai comme un chien !

V

Les premiers frissons de l'aube dans le ciel clair ; d'une aube toute blanche et dont la clarté descendait des monts comme un fleuve de lait d'immenses mamelles ; d'une aube printanière saluée par d'innombrables chants d'oiseaux ; d'une aube enchantée de toutes les splendeurs troublantes du réveil. Moulu de coups, Euripide, n'ayant rien d'ailleurs trouvé que la preuve des vertus de la province et celle de la perfidie de Céleste, reprit cahin-caha le chemin de la pharmacie, insensible aux caresses de l'aurore noyant de carmin les lignes encore indécises de l'horizon. En approchant de la maison, il eut encore un sursaut terrible de pensée. L'homme était là devant la porte, l'homme qui lui avait acheté la potion ! Dieu soit loué, il n'était pas mort !... Mais quoi ! l'homme s'avançait furieux vers lui, avec une figure chargée de menaces.

— Grâce ! grâce ! lui cria le pauvre Euripide, c'est une erreur involontaire.

— Il s'agit bien d'erreur, cria l'homme d'une

voix de tonnerre. Voilà deux heures que je sonne sans pouvoir me faire entendre.

Parbleu! Fleurent avait démonté la sonnette.

— Et que voulez-vous? demanda celui-ci d'une voix tremblante.

— Une seconde potion comme celle d'hier, demanda tranquillement le mystérieux client.

— Comment! Elle ne vous a pas suffi? murmura Euripide. Et il pensait en lui-même, bien que libre-penseur comme tout bon apothicaire: « Cet homme est le diable en personne certainement. »

— Ce n'est pas moi qui l'ai prise, reprit le visiteur.

Nouvelle angoisse du pauvre Fleurent!

— Et qui donc? demanda-t-il d'un air abattu, tout en ouvrant les volets de la boutique, mais machinalement et sans aucun enthousiasme professionnel.

— C'est toute une histoire, répondit le client à qui revenait un peu de bonne humeur. La voici en deux mots si elle vous intéresse.

— Mais je crois bien.

— Je suis commis-voyageur, monsieur, et j'ai la malheureuse passion du jeu, malgré que j'y perde continuellement Ainsi, quand je suis venu hier soir, je venais d'attraper une culotte formidable et j'étais décidé à rentrer à l'hôtel pour y chasser, en conscience, la bile que je venais de me faire. Bon! Encore un café ouvert sur mon chemin. J'y entre machinalement. Des militaires y faisaient un rams. Je leur demande la permission d'entrer dans leur partie. En une heure j'avais été dépouillé de ma montre, de ma chaîne, de mes bagues, le tout le plus loyalement du monde, je le dis à l'honneur de l'armée française. Comme je me levais : « Vous n'avez plus rien à jouer? me dit un maréchal des logis très bon enfant. — Si ! répondis-je en riant. J'ai une purgation que je viens d'acheter. — Eh bien ! je vous la fais en cinq sec à l'écarté. — Accepté. » Je perds ; le sous-officier emporte votre drogue, et voilà pourquoi je viens en racheter une pareille pour mon compte. Quel joyeux vivant tout de même que ce maréchal des logis Boulingrin !

— Boulingrin ! s'écria Euripide. Boulingrin du 3e d'artillerie ! C'est lui qui a pris...

— Oh ! pas tout de suite. Il m'a dit qu'il allait voir sa maîtresse, une belle fille dont un imbécile de pékin est amoureux. Ils en rigolent joliment ensemble.

— Boulingrin ! murmurait Euripide en serrant les dents, Boulingrin va mourir de ma main. Ah! Dieu est juste et bon ! Je suis vengé !

Et il servit royalement le porteur de cette bonne nouvelle.

VI

C'était une fort belle âme au fond que celle d'Euripide Fleurent, — une véritable âme de poète. Après un élan de joie féroce dont il n'avait pas été maître, il se prit à réfléchir, quand son client fut parti. Il trouva, à part lui, qu'il était parfaitement lâche et odieux de laisser son rival s'empoisonner, quand d'un mot on pouvait l'arracher a la plus affreuse des morts. Immédiatement convaincu, il sortit et prit d'un pas rapide le chemin du quartier d'artillerie. La diane venait d'envoyer ses belles fusées de cuivre dans le ciel. Boulingrin était déjà devant la porte, sa cravache à la main. Il eut un sourire plein de mépris en apercevant Euripide.

— Ah ! ah ! jeune homme, lui cria-t-il, je le savais bien qu'on me les ferait, ces excuses. Allons ! vous êtes exact ! Nous allons vous sortir ça.

— Je ne viens pas vous faire d'excuses, répondit avec fermeté Euripide, mais vous sauver la vie.

— Rien que ça, camarade ? Tu crois donc que tu me tuerais sur le terrain ?

— Il ne s'agit pas de ça. Un mot, de grâce ? Vous n'avez pas pris votre purgation ?

— De quoi te mêles-tu, jeune indiscret ?

— Je vous dis qu'il y va de vos jours. Ce remède est du poison !

— Le commis-voyageur a voulu m'empoisonner ! Ah ! la canaille ! Parce que je lui ai tout gagné ! Attends un peu que je le rattrape.

— Enfin, vous n'avez pas pris... ?

— Non ! la voilà. C'était pour après le café.

Euripide sauta sur la fiole et d'un geste violent, d'un geste ivre de joie, il la jeta dans la rivière qui coulait de l'autre côté du chemin.

— Sauvé! sauvé! criait-il.

Et il étreignait dans ses bras Boulingrin qui, tout en n'y comprenant rien, finit par lui dire affectueusement :

— C'est égal, jeune homme, vous avez une jolie nature, et c'est un vrai plaisir de vous prendre votre maîtresse.

Ils se serrèrent longtemps les mains en silence, et Euripide radieux regagna la pharmacie. M. Leroy-Delory fils l'attendait au comptoir :

— Monsieur, lui dit-il paternellement, je vous mets à la porte pour avoir laissé la boutique ouverte ce matin.

— Je m'en fiche absolument, lui répondit respectueusement Euripide, trop fier de sa conduite généreuse pour se laisser embêter par un simple droguiste.

Et c'était vrai. Car deux mois après il épousait la charmante Hortense Capoulat, s'établissait à son compte, faisait tomber la maison Leroy-Delory et oubliait absolument la perfide Céleste ; enfin était parfaitement heureux.

Tant il vrai que la Muse n'abandonne jamais ceux qui l'ont aimée! Cigale, grillon, mouche dorée ou petite fée, elle est toujours le bon génie de nos maisons.

LA CONFIDENCE

I

Il est absolument certain que si l'on supprimait de la vie les heures trop rares qu'emplit l'enchantement des charnelles tendresses, il ne nous resterait plus qu'à maudire les parents qui, sous le prétexte de se distraire un instant, nous ont jetés dans ce monde. Leur seule excuse est de nous avoir légué ces belles fièvres sensuelles et le secret de ces joies profondes où l'oubli des maux s'écoule comme dans un Léthé. Car je n'ai jamais compris qu'on nous recommandât, dans l'enfance, de leur être surtout reconnaissants, comme d'une peine prise, de nous avoir confectionnés. Parbleu! on voit bien qu'on nous en cachait soigneusement la recette! Ils ne pensaient guère à nous, les braves gens! en s'en occupant cependant de si près!

Non certes! l'existence ne vaudrait pas le prix d'un revolver destiné à en finir, dépouillée de ce que nos pères appelaient : les amoureuses délices.

Aimez ! aimez ! tout le reste n'est rien !

dit l'admirable chanson de La Fontaine dans *Psyché*. Je considère le temps que nous ne donnons pas à cette ivresse comme une série d'entr'actes qui deviennent, hélas ! de plus en plus longs, jusqu'à l'entr'acte éternel sur quoi se ferme le blanc rideau du suaire. Les autres distractions injustement réputées plaisirs, et le travail lui-même, qui mériterait plutôt ce nom, ne sont que des façons de passer le temps et d'attendre la reprise de la pièce. Il est bien entendu, d'ailleurs, que je regarde comme faisant partie de celle-ci les délicieux prologues que comporte ce genre de théâtre et qui se jouent dans le décor bleu de l'espérance, aussi bien que les épilogues mélancoliques, mais charmants encore, qui s'éteignent dans les apothéoses dorées du souvenir. Le diable soit du brutal qui ne voit dans l'amour que ce qu'y mettent les bêtes ! Mais celui-là est un imbécile aussi qui n'y voit pas toujours, et avant tout, ce qu'elles y mettent dans leur instinctive sagesse. Au demeurant, c'est la seule occupation digne de recherche ; et d'autant plus que, malheureusement, comme je l'ai dit tout à l'heure, elle n'exclut aucune des recherches, estimées supérieures par ceux qui ont juré de faire contre fortune bon cœur, telles que méditations philosophiques, découvertes scientifiques, musique des rythmes et des rimes, et autres billevesées spécieuses, bonnes à tromper le désœuvrement de badauds désemparés.

II

Cette petite profession de foi concluait une conversation que nous eûmes, il y a quelque six ans, dans je ne sais plus quelle ville provinciale où l'artillerie tient garnison, assis entre camarades, devant un café dont les absinthes brillaient, dans les verres, comme des émeraudes, le soleil couchant les traversant, en venant mourir, oblique, sous les toiles tendues sur nos têtes. Nous étions tous d'accord, sauf un ou deux enragés de mathématiques qui, d'ailleurs, s'étant mariés, avaient pris en médiocre attention cet entretien pourtant essentiel, et qui fumaient, distraits, leur cigare, les yeux clignotants sous la lumière importune. Il faisait une belle fin de journée printanière, tout imprégnée d'odeurs tièdes et de belles filles, déjà dans le débraillé des premières chaleurs, frôlaient le trottoir avec des coquetteries alanguies. Et nous évoquions tout bas, entre intimes assis à la même table, nos plus beaux souvenirs, l'image des anciennes amoureuses; nous réveillions l'écho des baisers endormis dans les alcôves profondes, sous la paix parfumée des rideaux ; nous troublions le grand repos du cimetière où les caresses évanouies gisent, quelquefois, sous des pierres sans nom, mais toujours sous des fleurs. Et tout ce qui s'était enfui de notre âme, comme une eau qui coule, dans les heures délicieuses du passé, semblait rentrer en nous, un instant, comme un reflux jonché du bouquet éparpillé d'Ophélie.

— Oui, certes, disions-nous, comme un chœur antique, unanime et solennel, l'amour! Et rien au delà!

M. de Francminet haussa imperceptiblement les épaules. Qui ça, M. de Francminet? un commandant? un capitaine? Non! un substitut, un substitut grave, mais aimable néanmoins, qui faisait volontiers sa société de la nôtre. Il était là en fonctions, au siège même de son tribunal, assez apprécié de son président et surtout de son procureur de la République qui lui reprochait cependant d'être fort inégal. Magistrat accompli et plein de tenue; très correct entre ses longs favoris noirs; parlant peu, mais disant rarement des sottises.

— Je ne vous comprends pas du tout, se contenta-t-il de nous dire.

— Comment! s'écria Jacques toujours indiscret. Alors... jamais?

Et ce « jamais? » avait une intonation d'une inconvenance telle, que, pour répondre à cette question, M. de Francminet, toujours imperturbablement sérieux, se pencha à l'oreille de Jacques et y murmura une réponse que nous n'entendîmes pas.

— Bah! se contenta de répliquer Jacques.

III

Je ne pensais plus guère à cette causerie entre bons compagnons d'autrefois, quand, hier, je rencontrai Jacques tout fraîchement promu lieutenant-colonel. Comme ça vous rajeunit d'avoir des camarades assez peu délicats pour occuper déjà des postes et porter des grades qu'on confie rarement aux enfants ! Ces militaires sont d'un sans-gêne ! C'est bien malin d'avoir tous les avantages d'une position et de laisser à d'innocents civils, dénués de tout honneur, la honte d'avouer qu'on a le même âge. Je n'en complimentai pas moins Jacques fort chaleureusement. Nous nous assîmes pour causer plus à l'aise. Même soleil frisant nos fronts sous les marquises mobiles et mettant des pierreries dans nos verres ; même souffle d'avril montant de charretées de jacinthes et de giroflées. Et, sur le trottoir, même tentation ambulante venant, non plus de belles gouges provinciales éprises du pantalon noir à double bande rouge, mais de ces courtisanes de Paris qui sont, quoi qu'on en dise, la joie facile, sinon la sécurité, des boulevards. Certains décors se répétant nous induisent dans un ordre identique de pensées. Si l'on supprimait de nos méditations tout ce qui y entre par l'extérieur, notre cerveau demeurerait cruellement vide. Il subit les idées et ne les enfante pas, comme l'imaginent les prétentieux. Un souvenir nous passa donc en même temps, à tous deux, de la conversation redite tout à l'heure. Nous en rappelâmes les acteurs — Qu'est devenu celui-ci? — Et celui-là ? — Il aimait diantrement les femmes. — Et un tel donc ! — Tous deux avaient raison ! — Tu n'as donc pas changé d'opinion ? — Non ! mon vieux. Je suis immuable en cette matière. Immuable au fond, parce que je n'ai jamais mieux apprécié l'unique raison d'être que je me reconnaisse ; immuable dans la forme, parce que je n'ai pas envie, en marmottant une palinodie, de passer pour le renard qui trouve aujourd'hui les raisins trop verts. Et lors même que je n'y pourrais plus atteindre, je suis résolu de célébrer encore, de la parole au moins, la gloire des treilles amoureuses où le baiser fleurit sur une pourpre sanglante comme celle des vignes. Tels les vieux coqs qui chantent encore le matin, sans avoir plus rien à dire aux poules qu'un noble adieu !

IV

— Te rappelles-tu M. de Francminet ? me dit Jacques.

— Le substitut chaste !... Ah ! oui.

— Oh ! oh ! chaste? Enfin ! Tu as vu qu'il venait d'être nommé procureur général dans une de nos grandes villes du Midi !

— Ma foi, non. Au fait, il avait l'air intelligent, ce magistrat glacial, et je n'en suis pas surpris autrement.

— Rassure-toi, ce n'est pas à son talent naturel ni aux lois augustes de la hiérarchie qu'il doit cette haute situation. Ce sont choses qui ne mènent à rien aujourd'hui.

— Alors, il a fait de la politique?

— Non. Plutôt moins qu'un autre. Je lui rends la justice d'avoir dédaigné ce facile moyen de parvenir.

— Alors?

— Il s'est tout simplement marié et, du coup, sa fortune judiciaire a été faite dans le Parquet.

— J'entends! Il a épousé une femme riche qui lui a apporté de grandes relations.

— Pas du tout. Les familles bourgeoises et aisées d'aujourd'hui y regardent à deux fois avant de livrer leurs héritières à des magistrats absolument dénués d'inamovibilité.

— Je crains de comprendre. Sa femme le trompe avec un homme en place très puissant et qui le fait avancer. Eh bien! tu sais, comme élément de carrière, j'aime peut-être presque autant la politique.

— Pourquoi veux-tu que ce pauvre homme soit un drôle ou un jobard! Sganarelle occupe une grande place dans le monde, mais il ne les occupe pas toutes. L'administration, *alma parens*, en garde quelques-unes pour les célibataires et pour les maris respectés chez eux.

— Alors, je ne sais pas ce que son mariage vient faire dans son avancement.

— C'est cependant bien clair. Je te répète qu'il lui doit tous ses succès de ministère public.

Et comme je regardais Jacques avec un air doucement ahuri :

— Au fait, fit-il, ce n'est pas à toi qu'il a fait sa confidence.

— Quelle confidence?

— Là-bas, quand nous parlions des plaisirs de l'amour, et que, troublé par sa profession de foi, je lui ai demandé : « Alors... jamais? »

— J'y suis maintenant. Il s'est penché à ton oreille. Mais que diable t'a-t-il dit?

— Ces simples mots : « Pardon! mais seulement quand j'ai à parler dans une affaire importante. J'ai remarqué que ça me dégageait les idées et m'éclaircissait la voix. »

On n'eût pas mieux dit en plein dix-huitième siècle, au temps de Voltaire et de Fontenelle.

L'INCONGRU

I

Ce m'est une douceur sans pareille, mon incomparable fiancée, de penser que, dans moins d'une semaine, je serai de retour auprès de vous. Outre le plaisir de vous contempler, Ellen, dans le gracieux ensemble de votre personne, j'éprouverai un contentement infini à ne plus vivre chez ce petit peuple prétentieux et inhabile à la cuisson du rosbif qu'on appelle Français. Outre qu'il n'entend rien à la cuisine, il choque à tout propos la pudeur de nos consciences par la légèreté de ses propos et l'inconvenance de ses plaisanteries. Il parle, dans ses journaux même, des choses les plus *shocking* sans le moindre embarras. Fi! la nation sans retenue! Les femmes y sont d'une coquetterie et d'une audace dans leurs toilettes! Devant ces poupées provocantes, je pensais sans cesse, Ellen, à la modestie charmante de vos déshabillés.. Croiriez-vous qu'elles affectent des reliefs indécents, vous si chastement enfermée dans la pureté rigide de vos lignes naturelles! Enfin! huit jours! huit jours encore, et j'aurai quitté cet enfer parisien. Je vous en rapporte quelques bibelots sans valeur et d'une futilité extrême, mais, que ces Iroquois de l'Europe occidentale excellent à fabriquer. Vous y trouverez une preuve de la fantaisie sans raisonnement qui les guide en toutes choses. Rien d'utile ni de pratique dans ces joujoux, mais un certain goût dans l'arrangement, une ingéniosité artistique que je n'entends pas méconnaître. Embrassez pour moi, mon exquise future, vos bons parents, et donnez un petit morceau de sucre à votre chien Bill. Je baise avec respect votre petite main ganté de coton écru.

» Votre fiancé respectueux,

» JOHN PETERFIELD. »

Quand miss Ellen reçut ce billet daté de Paris, elle l'apporta, comme il sied à une fille sage, à son vertueux père. La lettre de John Peterfield fut trouvée fort sensée et pleine de bons sentiments.

— Je vois avec joie, dit le révérend Ouweston, que mon gendre n'aura rien pris là-bas de cette fausse gaieté française qui ne convient jamais à un gentleman accompli.

Seule Ellen fit une petite grimace imperceptible. Elle n'eût pas été fâchée, au fond, que son fiancé eût perdu, par-delà la Manche, un peu de son insupportable correction.

II

Enfin, John Peterfield foulait le carreau d'une gare anglaise! Outre sa menue monnaie qu'il portait en bandoulière dans un sac de cuir, il gardait encore avec lui une façon de petite valise contenant les présents qu'il avait promis à miss Ouweston, et qu'il tenait à lui apporter intacts. Grande bousculade au départ. Notre gentleman, pour acheter un journal, posa un instant le précieux objet sur un banc. Puis on siffla, et la presse se rua des guichets sur la voie. Plus une minute à perdre! Notre Peterfield reprit nerveusement son colis et se mit à courir vers un wagon. Il installa dans un filet sa petite valise en face de lui et se prit à souffler, pendant que la locomotive, haletante aussi, s'ébranlait sur les rails. Alors il fit un « ouf! » de délivrance. Il était certain d'arriver maintenant!

Cependant, il sentait une inquiétude vague. Il lui avait semblé — un rêve certainement! — que, dans le brouhaha, un autre voyageur avait substitué son sac de nuit au sien pendant le court instant qu'il avait abandonné celui-ci pour payer un numéro du *Times*. Imaginez une vision si rapide qu'il n'avait pu l'analyser, mais qui le troublait néanmoins. Il se leva pour dissiper son doute absurde. Non! C'était bien sa valise! — Il prit dans sa poche une clef pour l'ouvrir. Allons... bon! C'était une autre serrure bien autrement compliquée que la sienne. Il n'avait pas du tout rêvé! Ce colis ressemblait infiniment au sien, mais n'était pas son colis. Maintenant la silhouette du voyageur lui revenait tout à fait en mémoire. C'était un désastreux accident. Mais peut-être, sans doute même, l'auteur de la méprise était dans le train. A la première station, John invita les agents à faire des recherches dans les voitures. A la seconde, il déposa une plainte en règle entre les mains du chef de gare.

Puis, harassé, furieux, il voulut tenter de s'endormir un peu. Mais un cauchemar vint troubler son sommeil. Cet homme qui avait laissé ce sac à la place du sien avait un air singulier, une mine rébarbative, des allures mystérieuses. Que pouvait contenir cette valise si soigneusement fermée? Peterfield eut un frisson terrible dans le dos. Parbleu! c'était clair, un conspirateur irlandais, un fénian qui, traqué, avait su dérober à la police un engin de destruction. Cette valise ne pouvait contenir que de la dynamite! Chaque cahot de la voiture pouvait la faire éclater! Mais que faire? S'avouer le détenteur d'un pareil colis! Impossible! Un seul parti était à prendre. Descendre à la première ville et l'oublier soigneusement dans le filet.

Donc, notre homme descendit précipitamment quand il le put. Mais il y a toujours dans les voitures des personnes trop complaisantes.

— Monsieur! Monsieur! lui cria un voisin de wagon, vous oubliez votre valise!

Et l'animal lui tendait par la portière le colis volontairement oublié.

— Mon Dieu, s'il allait la lâcher? pensa notre ami. Le train entier sauterait et moi aussi.

Il tint donc l'objet en maugréant, mais avec une précaution extrême. Mais ses hésitations n'avaient pas été sans être remarquées par un policeman qui commença à le filer avec une conscience infinie, discrètement, mais sans le perdre de vue un instant.

III

Que faire de la malencontreuse valise? La poser tout simplement dans un carrefour et s'enfuir. Mais, chaque fois que John Peterfield allait mettre ce projet, si simple en apparence, à exécution, il entendait des pas derrière lui... ceux du policeman, parbleu! Et il se disait que rien n'était plus dangereux que ce qu'il avait médité. Être vu laissant une boîte de dynamite dans un angle de rue, au pied d'une maison habitée!... Cependant cette promenade à quatre heures du matin dans une cité où il ne connaissait personne commençait à lui sembler fastidieuse. Quand l'aurore aux doigts d'opale — car ils ne sont de roses que dans les cieux fleuris de Grèce — fit son divin métier de concierge du jour, il commença à sentir dans les jambes une fatigue épouvantable et se dit qu'il fallait en finir. Il se convainquit, d'ailleurs, maintenant que les ombres avaient rouvert leur manteau à de vagues clartés, qu'il était certainement suivi.

Un trait de génie lui traversa le cerveau. Ce fut au moins l'impression modeste qu'il eut de l'idée qui lui était venue en tête, en attendant mieux.

John Peterfield guigna une maison de belle apparence bourgeoise dont la servante était en train d'ouvrir les volets. Il s'approcha gracieusement d'elle :

— Mon enfant, lui dit-il avec volubilité, voilà un paquet très pressé qu'on m'a remis pour sir Holwey.

Et il se prépara à jouer des jambes, ayant pu glisser la valise aux mains de l'Innocence. Mais celle-ci se mit à crier comme un chien dont on écrase la patte :

— Milord ! Milord ! Milord ! Ce n'est pas ici que demeure sir Holwey !

Et elle agitait désespérément la valise par la fenêtre.

John aperçut le regard inquisiteur du policeman qui, arrêté à un angle, l'observait décidément. Sa fuite eût été une action absolument louche pour la police. Il se résigna, exaspéré au fond, et, revenant sur ses pas, il reprit le maudit colis, en souriant de son mieux et en disant :

— Désolé, mon enfant, de m'être trompé d'adresse.

Et il pensa en lui-même : « Allons ! j'irai comme ça jusqu'au bout, et c'est seulement chez mon futur beau-père que je ferai précipiter dans l'eau cette explosive machine. »

Ceci dit, il reprit le train, toujours suivi du policeman qui avait eu cependant le temps de télégraphier à son supérieur hiérarchique : *Suivi individu dont démarches louches. Certainement le voleur du sac de nuit réclamé.*

Le malheureux Peterfield devenait la victime de sa propre plainte !

IV

Miss Ellen rougit pudiquement en le voyant entrer. Sir Ouweston lui ouvrit tout grands ses maigres bras.

— Sur mon cœur, mon gendre ! s'écria le révérend.

John Peterfield tenait toujours sa valise en l'écartant le mieux possible de ses flancs, tant il avait peur qu'elle ne reçût quelque choc mortel. L'excellent Ouweston s'avança vers lui pour l'en débarrasser.

— Vos gracieux présents, mon fiancé ? demanda miss Ellen en s'avançant aussi.

— N'y touchez pas ! n'y touchez pas ! s'écria le malheureux Peterfield.

Ajoutons que le policeman qui l'avait filé avait renoncé désespérément à son enquête en le voyant si bien accueilli chez l'homme le plus considéré de la ville.

— J'aurai fait fausse route, avait pensé l'homme de police. Mais il est invraisemblable au delà de toute expression que le futur gendre d'un homme aussi considérable que le révérend Ouweston soit un simple filou.

— Dynamite ! matière explosible ! poursuivit le malheureux d'une voix plaintive. Mais déjà, du bout de ses doigts robustes et tourmentés comme des sarments de vigne, le révérend Ouweston avait fait sauter la serrure du colis.

Une pluie de gros haricots de Soissons s'échappait en battant le parquet comme une averse.

— Matière explosible ! continuait John Peterfield.

Son futur beau-père l'enveloppa d'un regard plein de mépris.

— Horreur ! s'écria miss Ellen en ramenant ses mains blanches sur son visage.

— Voilà une plaisanterie française d'un goût détestable, continua sir Ouweston, et il montra la porte au malheureux amoureux d'un geste qui ne souffrait ni résistance, ni réplique.

Le voleur du sac de nuit y avait substitué un autre sac plein de n'importe quoi, du premier légume sec venu et suffisamment économique.

Ainsi manqua le mariage du sympathique John Peterfield.

L'INVASION

C'était pendant la fête de Neuilly. J'y demeure fidèle, son souvenir étant, pour moi, celui de ma dernière course avec Théophile Gautier. Hélas! le poète n'y promène plus ses magnifiques nonchalances, mais sa grande ombre y erre encore pour ceux qui l'ont aimé et, inconsolables, le cherchent dans ses habitudes passées. Pour le *vulgum pecus* des badauds, c'est une solennité foraine comme toutes les autres que celle-là. Pour nous, c'est l'occasion d'un pèlerinage. Pour Adolphe et Clara, ça avait été l'occasion d'un rendez-vous. Et, après deux heures de flânerie diurne dans la poussière et le parfum des beignets, ils étaient entrés dans un des restaurants qui bordent l'avenue, du côté du Bois, impatients d'un cabinet particulier qui leur fut octroyé incontinent. — Incontinent vous-même, monsieur le conteur! — Je vous demande pardon, chère douairière, mais cette entrée en matière ne comporte pas toutes les délicieuses petites malpropretés que vous attendez. Les relations d'Adolphe et de Clara étaient encore innocentes. — Alors pourquoi ce *buen-retiro* et cette compromettante solitude à deux? — Tout simplement parce qu'il est inutile, et même coupable, de se trop montrer en public avec une dame dont on n'est pas l'amant. Et puis Clara avait souhaité de remettre un peu d'ordre dans sa chevelure légèrement dénouée par le vent des chevaux de bois.

Enfin Adolphe, qui adorait se soûler des menues privautés que le tête-à-tête permet quand on aime sans en être payé, — j'entends toutes les variétés de petite oie que vous pouvez deviner — avait trouvé cet expédient le plus ingénieux du monde. Le cabinet était, d'ailleurs, doué d'une jolie vue, pourvu du mobilier traditionnel, table, canapé et glace que des diamants ont éraillée en tous sens ; et son seul inconvénient était de n'être séparé du cabinet voisin que par une cloison mince comme une vraie feuille de papier, comme on en pouvait juger par la façon dont s'entendait tout ce qui s'y faisait. Détail essentiel : les deux divans étaient accolés de part et d'autre à cette fictive muraille. — Nous ne causerons pas trop haut, avait dit Clara. — Nous ne causerons, si vous voulez, que du bout des lèvres, ma chérie, avait répondu Adolphe. Et un premier baiser bien long, silencieux mais exquis, avait complété sa pensée. Ainsi commencèrent-ils, dès le potage, à se becqueter comme des pigeons, attentifs au pas du garçon, solennel comme un adjoint qui marie en l'absence du maire. Ils redoublèrent après le premier service, et ce ne fut plus bientôt qu'une embrassade interrompue par l'entremets sucré et le dessert. — Eh quoi ! pas davantage ? — Pas davantage, chère douairière. Ils étaient des délicats qui ne veulent pas profaner, dans un décor banal, un des plus beaux moments de la vie.

II

Retournons à la fête et entrons dans la baraque des lutteurs. Il n'y a que les badauds de Paris qui croient au sérieux de ces combats, lesquels n'ont un peu de sincérité que dans le midi de la France où tous nous en connaissons, dès l'enfance, la technique. On assiste ici à des pièces répétées comme au théâtre, à des victoires comme celles du Châtelet, à des revanches prévues, comédie bien jouée, j'en conviens, mais insipide pour qui en connaît les monotones et médiocres ressources. Le jeune marquis de Saint-Cucufa, appartenant au monde où l'on fait profession de s'amuser, avait parié avec quelques amis de tomber (c'est le français de la maison) le nègre Ben-Azor et avait fait, suivant l'usage, tenir à celui-ci par avance le prix de sa défaite. Après une dizaine de passes blanches, Ben-Azor devait par quelque maladresse toucher de ses deux épaules la sciure entassée sur le sol. Le jeune marquis de Saint-Cucufa avait donc fièrement demandé un caleçon qui ne lui avait pas été accordé sans difficultés ; car c'est une des roueries de la parade d'avoir l'air de redouter beaucoup les amateurs inconnus et de leur faire subir, touchant leur état civil, un interrogatoire aussi complet qu'aux assises. Le public était fort émoustillé par la perspective de cette bataille entre un représentant de la noblesse authentique et un fils des déserts. Enfin le moment en vint. Le gentilhomme n'avait gardé que son pantalon, et les premières attaques, suivies de ripostes faciles, eurent lieu dans l'ordre et suivant les conventions. Mais tout à coup Ben-Azor changea de polémique. Les bras tendus en avant, les yeux enflammés, il attendit son ennemi qui, confiant dans la foi jurée, se livra à lui et s'en trouva très mal. Car le nègre, l'empoignant avec une vigueur extraordinaire, le souleva et, d'un coup de reins, qui sembla les river l'un à l'autre, l'aplatit à terre sur le dos, roulant lui-même au-dessus de lui. Ça fit « flac ! » dans le son. Grand éclat de rire des amis du marquis qui avaient gagné leur pari. Applaudissements de la foule qui était visiblement hostile au descendant des preux. Fureur de M. de Saint-Cucufa, visiblement trahi par son rival.

Que voulez-vous ? Pour avoir le museau noir on n'en a pas moins une âme d'homme. Ben-Azor aimait et était aimé. Quand il avait vu entrer inopinément dans la baraque Mlle Agathe, celle dont les yeux l'avaient à jamais dompté, il n'avait plus écouté que sa force et son courage.

Vaincu devant elle ! Jamais ! Et, oubliant noblement les sommes qu'il avait reçues pour toucher des épaules, il avait administré à son bienfaiteur la tripotée que vous savez. Mais, conscient de sa faute, il s'était empressé de disparaître ensuite, durant que le marquis, ivre de fureur d'avoir été, du même coup, volé et ridicule, jurait de se venger.

III

Quel récit à bâtons rompus, chère douairière ! Nous retournons au restaurant où nous avons laissé Adolphe et Clara, mais non pas auprès d'eux. Nous voilà dans le grand salon où l'on célèbre le repas de noce de la belle Mlle Berthe Cuissière. Orpheline de mère, cette charmante personne avait été conduite à l'autel, le matin même, par monsieur son papa, l'honorable Cuissière, un des forts passementiers du faubourg Saint-Denis. On s'est, ma foi, beaucoup amusé. Sur la table immense gisent encore les débris d'un croquembouche figurant « l'Industrie française éclairant le monde », composition symbolique d'un goût exquis et dans laquelle avaient coulé des flots de caramel. Des bouchons de champagne, montueux comme des champignons, courent çà et là sous les chaises. Quelques couples audacieux esquissent, le long des fenêtres, un pas de polka que rythme un clavecin, honneur de la chaudronnerie parisienne. Les jeunes époux sont assis à côté l'un de l'autre et causent, sans doute, de l'avenir. Eh bien ! et l'honorable Cuissière, le rempart de la passementerie nationale ? Il y a toujours quelque ombre dans les plus riants tableaux. Sans ce contraste même, peut-être ne s'apercevrait-on pas que ceux-ci sont riants.

Dans ce débordement de joie légitime, d'ivresse permise et de conjugale félicité, il me faut signaler un sentiment coupable, une passion frisant l'adultère. M. Cuissière, qui avait bu des vins généreux, s'abandonne aux délices d'un amour affreusement interdit. Ne poursuit-il pas, comme un faune, non pas dans les bois chers aux nymphes, mais à travers toute la maison, l'opulente Mme Potentat, femme de son vieil ami Potentat, une des gloires de notre mercerie ! Une superbe femme d'ailleurs, cette Mme Potentat, ne pesant pas moins de deux cents livres sur les bascules publiques, et portant le plus fort de cette véritable bibliothèque dans son arrière-train, où l'on aurait pu loger encore quelques manuscrits précieux ou même installer une succursale de la section des estampes. Car jamais local aussi vaste n'avait servi de rez-de chaussée à une personne assise. Comme le chêne où se prit Milon de Crotone, ce qui permit à un lion de lui voler ses biftecks saignants, il eût bien fallu deux hommes pour en faire le tour, en se touchant les mains.

Et je vous assure que leurs mains ne se seraient pas ennuyées ! Cette dame Callipétardière (pour ne pas employer le mot obscène : Callipyge) aimait à faire l'enfant, et, pendant que son époux, le vertueux Potentat, s'abreuvait d'un dernier sirop de groseille, elle prenait un plaisir extrême à se faire chasser, comme un gibier, par l'impétueux Cuissière, plus acharné que Nemrod. Dans cette course malintentionnée, un cabinet s'entr'ouvrit devant eux. C'était précisément celui qui était mitoyen avec le cabinet d'Adolphe et de Clara. Ils s'y ruèrent. Mme Potentat, en voulant se laisser tomber gracieusement sur le canapé, prit mal ses mesures, car de son énorme postérieur, lancé à toute volée, elle alla heurter la cloison qui cria et se défonça, enchâssant les parties envahissantes d'une véritable étoile d'éclats de bois.

IV

— Mon amour, encore un baiser !

— Non ! non ! Monsieur, c'est assez ! vous ne l'aurez pas ! Il faut être sage maintenant.

Et Clara repoussait doucement Adolphe qui avançait toujours son visage, les yeux ardents et la bouche en cul de poule.

Bing ! Bring ! Clac ! un immense postérieur, crevant la cloison, vint se poser entre eux, et le baiser du pauvre Adolphe s'alla loger sur cette masse pareille à une gigantesque pierrerie rose montée en cabochon.

Pendant ce temps, Clara avait reculé et, surprise d'abord jusqu'à l'effroi, éclatait de rire.

Vous avez reconnu, n'est-ce pas, la bibliothèque de Mme Potentat. On put vérifier alors que les places vides y étaient occupées par du vent, comme il arrive souvent dans ces studieux édifices où l'on attrape plus de courants d'air que de vraie science et plus de torticolis que d'esprit.

— *Vade retro Satanas!* s'était écrié Adolphe, qui avait une teinture liturgique.

Mais le Satanas de Mme Potentat ne bougeait pas. En revanche, la pauvre femme miaulait comme une chatte en mal de chattons. En vain M. Cuissière avait voulu la dégager en la tirant par les bras. En se crevant, les planches s'étaient effilées en longues aiguilles qui, sans entrer tout à fait dans la chair, la maintenaient sous leur menace aiguë et rendaient impossible la délivrance. Le bloc s'était incrusté dans le bois; le boulet demeurait immuable et suspendu dans son trou. La sphère, arrêtée dans sa course, semblait un monde figé dans l'infini par le caprice des dieux. Telles s'arrêteront les planètes dans l'éther, au jour du suprême jugement, quand Dieu dira leurs vérités aux gourgandins. C'était, à vrai dire, une situation désespérée. Crier? Et si M. Potentat montait? Car, enfin, pas plus que les œuvres de Maxime Du Camp, les sirops de groseille les mieux confectionnés ne sont éternels... Demeurer indéfiniment dans ce mince étui?... Que penserait la noce? M. Cuissière prit le parti d'aller confier tout bas l'aventure au patron de l'établissement, qui promit d'envoyer chercher des menuisiers, dès que le coup de feu serait passé. Le coup de feu dura quelque temps encore et les ouvriers ne se hâtèrent pas de venir. C'est dans le cabinet d'Adolphe et de Clara qui, muets et vivement intéressés, attendaient la fin de l'histoire, que les charpentiers résolurent d'opérer, en détachant, à l'aide d'une scie circulaire, une grande couronne de cloison autour du surplus de Mme Potentat. Il était temps. Meurtri par le coup et congestionné par la pression, le derrière de la pauvre femme était devenu complètement noir.

Clac ! la porte s'ouvre encore. C'est le marquis de Saint-Cucufa, toujours à la poursuite de son traître ennemi. Je vous ai dit que le séant de Mme Potentat, plein de sang extravasé, était comme de l'ébène. En l'apercevant, le marquis pousse un cri féroce. Il a cru reconnaître la forme du nègre Ben-Azor et lance dans ce tas d'ombres un si formidable coup de pied que la femme du mercier va bondir, un peu déchirée, mais enfin délivrée, dans le cabinet où M. Cuissière la reçut dans ses bras.

Ainsi s'arrangèrent toutes choses par un hasard qui ferait croire à la Providence. M. Potentat ne sut rien de rien. Adolphe et Clara se sont rendu au centuple le baiser volé par un intrus.

LA LHAUDA

I

C'est sur la terrasse de Bouquéron, laquelle domine l'admirable vallée de l'Isère, que me fut contée, pour la première fois, la légende que je vais tenter de faire revivre. Le soleil déclinait à l'horizon, et les montagnes, dont il n'ensanglantait plus que le sommet, allongeaient derrière elles de grandes ombres qui traînaient à leurs pieds comme des robes de deuil, du deuil sacré de la lumière. Et je songeais qu'entre nous et notre rêve s'élèvent ainsi d'inaccessibles hauteurs et que, lorsque, comme un astre lassé, il tombe lentement du ciel, un flot de ténèbres monte sur notre chemin. Puis, tout au charme béat qui s'exhalait de ce panorama superbe, je contemplais, sans penser, comme il est parfois si doux de le faire, le fleuve serpentant comme une couleuvre parmi les verdures, les vapeurs ondulant comme une moisson impalpable sur les plaines prisonnières, la majesté sereine du ciel dont les bords semblaient poser, comme ceux d'une immense coupe de lapis renversée, sur les pics neigeux fermés en cercle, les villages étagés comme des troupeaux au versant des collines et les petites fumées bleues s'élevant des toits de chaume, tandis que les premières lumières des maisons semblaient le terrestre reflet des premières étoiles encore tremblantes dans l'azur. Et, quelque chose manquant à l'épanouissement complet de ma pensée, je me dis que ce temple magnifique était sans Dieu, et je cherchai vers quelle image pouvait monter l'haleine de tous ces encensoirs. Car depuis que la grande âme de Pan a déserté la Nature, chaque site est comme un autel réclamant son idole. Il faut à toutes ces splendeurs le spectre de quelque beauté disparue, la mémoire de quelque femme ayant empli de sa grâce où de ses malheurs la longueur des veillées paysannes, dans le pétillement des sarments au fond de l'âtre.

— Il est curieux, dis-je à mon ami, le savant docteur Armand Rey, que ce pays somptueux n'ait pas son héroïne, résumant dans un charme vivant tant de séduisants aspects.

— Vous ne connaissez donc pas l'histoire de la Lhauda? De la belle fille du Bachet, près Meylan, dont vous pourriez apercevoir d'ici le petit clocher, si le brouillard n'enveloppait déjà les lignes estompées du paysage?

— J'avoue que je ne la connais pas.

Et mon bon compagnon, prenant pitié de mon ignorance, me conta ce que vous saurez tout à l'heure aussi bien que moi.

II

Comment Mlle Claudine Mignot, née au commencement du dix-septième siècle, de parents uniquement remarquables par leur obscurité, devint-elle, pour ses historiens, « la Lhauda », nom qui sonne poétiquement à l'oreille comme un écho de latines amours ? Peut-être tout simplement parce qu'une histoire héroïque ou touchante ne s'accommode jamais d'un nom ridicule. C'est si vrai, que les dernières recherches des savants nous révèlent que les grands hommes ont presque toujours été baptisés à nouveau par leurs inventeurs. On découvrira certainement, un jour ou l'autre, que le bouillant Achille s'appelait tout simplement Pancrace, et qu'Homère n'était connu de ses contemporains que sous le vocable de Cambajou. Il faut jeter de nobles sons aux cordes divines de la lyre. Tout est musique ici-bas. Il y a beaux jours que Mlle Claudine Mignot est morte. Et « la Lhauda » lui survit par le seul pouvoir des euphonies et aussi par la mémoire de son adorable beauté. Car elle résumait à merveille le type féminin dauphinois avec sa chevelure changeante où les ors pâles et les ors roux se croisaient comme les ondes de deux fleuves qui se mêlent ; avec son teint laiteux, sans transparences maladives, ayant déjà l'opacité solide des marbres ; avec ses yeux de turquoise malade, d'un bleu tirant sur le vert, aimantés et pénétrants ; avec sa bouche un peu grande mais bordée de lèvres aux coins finement retroussés de pourpre souriante. Joignez à cela une taille pleine de noblesse, un grand air de race et *quod intrinsecus latet*, comme dit le Cantique des Cantiques. Rien d'étonnant donc à ce que cette admirable créature fût très recherchée des gars du Bachet, ses anciens compagnons d'école buissonnière, le long des haies que couronne, en septembre, le rouge sombre des mûres. Oui, tous en étaient affolés. Mais ce n'était pas pour ces remueurs de fumier que fleurissait le lys, que s'épanouissait cette merveille. Le clerc Bignolet l'avait remarquée, un jeune citadin, exerçant les fonctions de secrétaire du sieur d'Amblérieux, lequel détenait lui-même le poste de trésorier de la province. Ce Bignolet, désespérant de séduire une personne dont la vertu égalait la beauté, avait bravement pris son parti de se mésallier, et aucun de ceux qui avaient vu sa fiancée ne lui donnait tort. Car il aurait fallu être fou pour ne pas oublier tous les préjugés de la naissance devant un pareil miracle de grâce et ne pas faire une fine moquette de tous les préjugés du monde sous d'aussi jolis petits pieds.

III

Ah ! les cloches de Meylan tintaient ferme pour la noce. C'était dans l'air un grand vol de notes claires assourdissant les oiseaux et rythmant une valse aux nues légères qui tourbillonnaient dans le ciel. Musique sur terre et vapeurs au ciel. Qui ne croirait après cela aux fâcheux présages ? La Lhauda s'avançait, doucement majestueuse dans le frôlement caressant de sa robe blanche, et Bignolet, tout de velours neuf vêtu, avait l'air important d'un petit âne qui attend sa charge de reliques, quand, en passant sous le porche, un méchant chien débouchant entre les jambes de la future lui causa une telle peur qu'elle ne put retenir un cri. Seulement, ce cri ne sortit pas de sa bouche. Son émotion avait pris un autre chemin, également sonore, mais où les notes de baryton se trouvent plus que celles de soprano. Musique et vapeur ! comme dans la nature. Si ma pensée vous demeure obscure, je vous renvoie au couplet que ce franc-miteux de Gaultier Garguille, auteur des *Chansons folastres et récréatives*, comédien ordinaire du cardinal de Richelieu, compagnon de Turlupin et de Gros-Guillaume sur les planches de l'hôtel de Bourgogne, rima pour la circonstance et que voici :

Quand Tifaine fut à la nopce,
De malheur elle fit un p..,
Et son serviteur la regarde,
Qui dit que plus il n'en voulait.
Vous serez mariée, Tifaine,
M'en dust-il couster mon bonnet.

Ouf ! me voilà déchargé, sur les épaules de ce bouffon, du poids fâcheux d'avoir à vous narrer moi-même cette vilenie. Car je suis de tempérament pudique et ne me complais nullement, bien qu'on en ait pu dire, à ces lunatiques fantaisies :

Mulcebant zephyri natos sine semine flores,

a dit le vieil Ovide. Comme Gaultier Garguille vient de vous le dire aussi, en son inconvenant langage, ce zéphyr sorti du jardin naturel de sa bien-aimée, ne fut pas du goût de Bignolet. Tandis que tout le monde crevait de rire autour de la Laudha confuse, Bignolet arrachait de fureur son beau pourpoint et jurait ses grands dieux que celle-là ne serait jamais sa femme qui chantait de tels répons à sa messe de mariage.

IV

Mais le d'Amblérieux qui était un friand, en tant qu'homme de finances — car il avait acquis grand bien à voler son pays, — ayant eu vent (ce n'est pas moi qui ai inventé cette locution malheureuse) de l'histoire, n'eut pas de repos qu'il n'eût connu l'héroïne de ce vacarme dauphinois. Telle fut l'impression qu'il ressentit de la beauté de cette fille que, la retirant immédiatement de son taudis, il lui fit donner les meilleurs maîtres, l'instruisit dans tous les arts et l'épousa lui-même quand elle en sut à peu près autant que le bourgeois gentilhomme, à l'escrime près cependant. Mais elle tenait de nature un autre talent d'agrément qui vaut bien celui des gens habiles à l'épée. M. le trésorier fut le plus heureux des hommes en la société de cette exquise créature, et quand il exhala, avec le remords obscur de ses malversations, le regret beaucoup plus net de quitter une aussi aimable compagnie, il lui laissa toute sa fortune. C'était vers 1640. Au contraire des parents d'aujourd'hui qui n'attaquent jamais les volontés des défunts, ceux du trésorier intentèrent un procès à la belle veuve, laquelle fut obligée de s'en venir à Paris pour le soutenir. Mais ce lui fut l'occasion d'un nouveau succès dans le monde. Car le vieux maréchal de l'Hospital, dont elle avait réclamé la protection et qui n'avait pas moins de soixante-quinze ans, plus glorieux les uns que les autres, s'en amouracha à son tour et lui donna son nom. Et ce ne fut pas tout. Car, le maréchal ayant, à l'exemple de d'Amblérieux, rendu ce qui lui restait d'esprit, après une si belle dépense, ce fut l'ex-roi de Pologne en personne, Jean-Casimir, qui mit sur la tête de celle qui avait été Claudine Mignot l'ombre de sa couronne évanouie. Celui-là ne mit juste que six mois à aller rejoindre l'Hospital et d'Amblérieux, mais tout porte à croire qu'il les employa de façon à ne les pas regretter. Successivement trésorière d'une des plus belles provinces de France, maréchale et reine, il ne restait plus à « la Laudha » d'époux sortable qu'un empereur d'Occident ou Dieu. Charlemagne étant mort depuis longtemps, elle donna la préférence au Père Eternel et se retira dans un couvent. Elle y vécut plus de trente ans encore, et tout le monde remarqua que c'était Dieu qui avait été le plus longtemps son mari, ce qui s'explique par la richesse connue de sa constitution.

V

J'avais un peu, je l'avoue, oublié cette légende, quand une étude récente de mon confrère Jehan de la Perrière, très intéressante et humoristique à la fois, me la remit en mémoire. Voulant apporter ma pierre d'érudition à cette œuvre de reconstitution historique, mes recherches ont porté sur les destins du clerc Bignolet dont personne ne s'était plus occupé. J'ai eu grand mal, je l'avoue, à découvrir ce qu'il était devenu. J'y suis parvenu cependant. N'ayant cessé de déchoir tandis que la femme qu'il avait si cruellement dédaignée ne cessait de s'élever, il mena une vie misérable et passa les vingt dernières années de son existence dans l'étude du vieux procureur crasseux qui, comme un pot fêlé par le bas, exhalait à la journée un tas de mauvaises odeurs où se mêlaient, à ses infections personnelles, l'âme poudreuse et rance des dossiers et une intolérable puanteur de procédure.

Cette fin déplorable était, à mon avis, méritée. Celui qui ne pardonne pas tout à la beauté de la femme n'est pas digne de contempler la voûte tranquille du firmament, laquelle n'est qu'un dais céleste tendu par les anges jaloux entre leur orchestre fastidieux et la vallée de larmes d'où montent nos chansons d'amour.

HYMÉNÉE

I

— Vrai, tu ne sais pas comment s'est marié Baudru ?

— Non, je ne le sais pas.

— Allons donc ! tu me fais poser !

— Je te jure que non. J'ai perdu Baudru de vue depuis l'école d'où il est sorti ingénieur des tabacs, tandis que j'entrais dans l'artillerie. Un brave garçon, bon vivant, aimant, s'il m'en souvient, les aventures faciles et les dames peu bégueules, mais que je n'ai jamais retrouvé dans la vie jusqu'à tout à l'heure où, comme je te le disais, je viens de le rencontrer sur le boulevard avec sa femme et ses enfants.

— Et le père Cornichet?

— Cornichet, mon premier commis principal au ministère quand je quittai l'épée comme Cincinnatus; un petit vieux très propret qui portait une calotte noire et faisait d'abominables calembours, l'homme le mieux ferré du monde sur la liquidation des pensions civiles ?

— Justement.

— Oh ! celui-là, je le vois encore comme si c'était hier. C'était un employé de la vieille roche, qui traitait sa carrière en magistrature, croyait à son ministre, ne connaissait que la hiérarchie, avait trois manières de tailler ses plumes, suivant le genre d'écriture qu'il en attendait, et professait sur la façon de gratter les taches d'encre une théorie dont il était prodigue aux commençants. Serviteur loyal de l'État au demeurant, estimable ganache, créature dévouée à son devoir, et si bien convaincu qu'en dehors de l'administration rien n'existe, que lorsque, dans un livre de voyages, il lisait une phrase comme celle-ci : « Nous allions poussés par un bon vent de S. E. », il traduisait sans hésiter : « Nous allions poussés par un bon vent de Son Excellence ». Cornichet ! si je me rappelle Cornichet ! Mais Cornichet était le type le plus accompli d'un vieux monde dont l'honnêteté valait bien notre roublardise, et dont on est bien contraint d'estimer la candeur, tout en la blaguant.

— Eh bien ! Baudru a épousé la fille de Cornichet.

— Pas possible !

— C'est comme je te le dis.

— Mais il n'y avait entre eux aucune communauté de société, aucun lien mondain, aucune attache probable. Ils appartenaient à deux milieux absolument différents.

— C'est justement ce qui rend ce mariage inattendu, presque cocasse.

— Tu vas me le conter ?

— Volontiers. Mais personne ne nous écoute?

— Personne, notre table est isolée de toutes les tables voisines...

— C'est que c'est un peu...

— Va donc ! va donc ! Je garderai ça pour moi et pour mes lecteurs qui sont tous gens d'esprit. Nous ne serons pas plus d'une quarantaine de mille à garder ce secret.

Rassuré sur ma discrétion, Jacques continua comme il suit, tout en faisant un autodafé de cigarettes.

II

— Donc le père Cornichet avait une fille — tu sais, il y a quinze bonnes années de ça — une fille de vingt ans, absolument jolie, mais qui risquait de coiffer sainte Catherine, n'ayant pour dot que sa jeunesse et sa beauté. Car, dès ce temps-là, notre globe était peuplé de saligauds à qui cette fortune, la meilleure de toutes et la plus solide, ne suffit pas. Cette aimable créature avait d'ailleurs pour mère une ménagère accomplie, très entendue aux choses de la vie pratique et qui en avait fait un trésor d'économie, si bien, qu'à compter seulement les folies qu'elle n'aurait pas faites et les dépenses ridicules dont elle se serait abstenue, elle avait bien cinquante mille livres de rente. Car on n'achète pas encore beaucoup de bêtise pour ce prix-là, tant tout est cher aujourd'hui. Donc ces pauvres honnêtes gens vivaient assez retirés dans un appartement des Batignolles où rien ne rappelait les splendeurs de Ninive. La rue d'abord, qui ne passait pas pour être fort bien habitée. Mais qu'importait à Cornichet et à sa famille qui ne sortaient pas le soir! Le logement ensuite, où l'on ne parvenait que par une longue entrée assez obscure, une façon d'immense couloir aboutissant à la voie publique par une petite porte à l'aspect sordide et à moitié fermée par une barrière de bois vermoulu.

Or, un jour, Mme Cornichet dit à son mari : — Tant que nous ne donnerons pas des soirées, nous ne trouverons pas un prétendu pour Hélène. — Des soirées! s'écria le malheureux commis principal. Ici! installés comme nous le sommes! — Certainement, répondit son épouse. Je ne dis pas un bal dansant, mais une causerie avec lunch et de la musique. Ton garçon de bureau est piston à la Gaîté. Nous tâcherons qu'il vienne après son théâtre. Hélène chantera : « Les louis d'or. » On jouera au loto dans ma chambre. — Ça nous fera bien des embarras, murmura Cornichet, évidemment séduit par la perspective de ces splendeurs. Et puis, qui inviterons-nous? — Le côté : Messieurs, te regarde. Tu verras parmi les jeunes gens du ministère ceux qui sont susceptibles de préférer la grâce et une bonne éducation à la richesse. Moi, je me charge du côté des dames. Nous aurons certainement Mme Bidache, Mme Cambajou, Mme Crottin, Mlle des Haudriettes... —

Mais la plus jeune a cinquante ans! — La jeunesse d'Hélène n'en brillera que d'un éclat plus vif. Je compte absolument sur les contrastes. Allons, mon ami, c'est entendu. Comme rafraîchissements un croquembouche et des brioches. Il y a de fort bon cidre chez le charbonnier et beaucoup de personnes en raffolent. Emma, notre nouvelle bonne, paraît une fille très avisée et qui nous sera d'un grand secours. — Je vais donc faire mes invitations, conclut Cornichet.

III

Le grand soir est arrivé. M. Cornichet donne ses dernières instructions : — Ma chérie, dit-il à sa femme, je ne compte guère, comme invité pratique, que sur mon jeune chef de bureau, M. de Langelure, un écervelé qui serait très bien capable d'épouser ma fille sans dot, un casse-tout qui n'y voit pas plus loin que son nez, un gobe-mouche. Il m'a absolument promis de venir de bonne heure. Mais il faut que je te prévienne qu'il est affreusement mal élevé. — Ah! mon Dieu! s'écria Mme Cornichet. — Je veux dire qu'il est élevé comme les jeunes gens d'aujourd'hui, très irrespectueux avec les femmes, sans façons avec tout le monde, tutoyant à tort et à travers, grand diseur d'inconvenances, bruyant, impertinent... — Oh! je saurais bien le remettre à sa place! — Voilà justement ce qu'il ne faut pas. Pour mon avancement d'abord, parce qu'il me flanquerait de mauvaises notes. Il est le neveu du ministre, ce qui explique son rapide avancement. Et puis, si nous voulons lui faire épouser Hélène, ce n'est pas avec du vinaigre qu'on prend les mouches. — Cependant... — Je te dis de le laisser faire tout ce qui lui plaira. C'est déjà un assez grand honneur pour nous de le recevoir. Neveu du ministre ! te dis-je.

A ce sujet de conversation succède un autre: — As-tu pensé à faire éclairer le couloir d'entrée sur la rue? demanda M. Cornichet. — Certainement, mon ami, mais je ferai mieux que cela. — Quoi donc? — Quand il y aura ici quelques personnes déjà, Emma ne nous servant plus à rien, je lui ferai mettre un beau tablier blanc et je l'enverrai se poster devant la porte du dehors. Quand elle verra des personnes qui viennent ici et hésitent, ne sachant où les mènera cette longue avenue, elle les renseignera et les conduira jusque chez nous — c'est une excellente précaution. Je lui recommanderai de faire attention à tous les gens qui auront l'air de chercher dans le voisinage. Car nous avons si peu l'habitude de recevoir.

Une heure après ce dernier entretien, tout était éclairé dans l'appartement du commis principal. Mme Cornichet se multipliait en amabilités autour des premières venues. Mme Bidache, Mme Cambajou, Mme Crottin, Mlle des Haudriettes, outrageusement décolletées, faisaient tapisserie dans le salon, bouquet flétri bien digne du vase bourgeois dans lequel il était présenté. Comme l'avait bien prévu l'ingénieuse mère, la chaste beauté d'Hélène resplendissait comme un lys au milieu de ce parterre fané. Elle portait une délicieuse robe blanche d'où sa gorge plus blanche émergeait, argentée comme une double vague venant mourir sur une écume de dentelles. Cependant, bien qu'il fût déjà neuf heures trois quarts, aucun invité mâle n'avait encore apparu. — Ça m'étonne diablement que M. de Langelure ne soit pas encore arrivé! murmura le commis principal. Pourvu que son oncle le ministre ne donne pas un grand dîner ce soir!

— Mon ami, lui dit sa femme, le croquembouche ne vient pas, bien que le pâtissier me l'ait absolument promis pour neuf heures. Cours, je t'en prie, jusque chez lui, car si ton sous-chef entrait, nous ne saurions que lui offrir.

M. Cornichet alla quérir son chapeau en grommelant, et ces dames demeurèrent seules.

IV

Précisément, pendant ce temps, un grand diable flânait dans la rue regardant de ci de là aux portes et aux fenêtres, non pas comme un vertueux contrôleur qui n'en veut oublier aucune dans son épître aux contribuables, mais comme un vaurien désœuvré qui sait bien que le quartier est giboyeux pour les chasseurs de filles mal gardées. — Un invité qui ne trouve pas, pensa Emma. Et sans aucune idée mauvaise, elle fit un léger: psitt!

à l'inconnu. Les yeux de celui-ci tombèrent sur le tablier immaculé de la bonne en sentinelle. Il eut un sourire très inconvenant, enjamba le ruisseau, emboîta le pas docilement derrière son guide et disparut dans l'immense couloir en murmurant : « Un vrai coupe-gorge, sacrédié ! »

Quand il se présenta à la porte de l'appartement, Mme Cornichet courut au-devant de lui, avant même qu'Emma, peu habituée au service, lui eût demandé son nom. En le voyant garder son chapeau sur sa tête et siffler une gavotte, Mme Cornichet se dit : « Ce malotru ne peut être que M. de Langelure » ; et, docile aux instructions de son mari absent, elle murmura avec son plus gracieux sourire : — « Entrez donc, cher monsieur, toutes ces dames sont déjà au salon. » Et notre gaillard entra, en effet ; mais il fit une grimace épouvantable en apercevant sur le canapé Mme Bidache, Mme Cambajou, Mme Crottin et Mlle des Haudriettes, qui faisaient assaut de demi-nudité de façon à embarrasser encore plus sûrement le berger Pâris que lorsqu'il se trouva devant le dive trio de Junon, de Minerve et de Vénus. Il passa, le lorgnon sur l'œil, une façon de revue, et, se tournant vers Mme Cornichet d'un air goguenard : — Eh bien! si c'est tout! mes compliments! — Sapristi! il est tout de même trop mal élevé! grogna celle-ci, qui perdait patience. — Ça me rappelle Sainte-Perrine! poursuivit le drôle sur le même ton galant. — J'étouffe, pensa Mme Cornichet, à qui des sueurs montaient au visage, durant que Mme Cambajou, Mme Crottin et Mlle des Haudriettes secouaient furieusement leurs éventails en se mordant de fureur les lèvres. A ce moment entra Hélène, radieuse. — A la bonne heure! s'écria l'inconnu en retirant vivement ses mains de ses poches. Et, s'avançant, il alla prendre la jeune fille par la taille et voulut l'embrasser... Mme Cornichet se précipita. — Celle-là, je l'épouse! criait l'impertinent. Je l'épouse tout de suite. — Misérable!... Ce cri était poussé par un homme qui venait de lâcher sur le tapis un croquembouche et foulait aux pieds des pralines émiettées. En même temps, M. Cornichet — car c'était lui qui était rentré, fort à propos, ma foi — se ruait sur l'audacieux. Mais celui-ci lui détachait immédiatement une dégelée formidable en l'accentuant de propos vigoureux : — Ah! animal! tu viens me faire de la morale ici! Vieux débauché! vieux coureur!... Et pan! pan! pan! C'était une grêle de calottes et de coups de pied. M. de Langelure entra à cet instant : — Fichtre! pensa-t-il, mon commis principal voit une jolie société! Et il tourna les talons majestueusement, pendant que Mme Cornichet secondait son mari, qu'Hélène assommait l'inconnu par derrière à coups de pincettes, et que Mme Bidache, Mme Cambajou, Mme Crottin et Mlle des Haudriettes, en pâmoison véhémente sur le canapé, secouaient leurs vilaines jambes en l'air, en poussant des cris de poules défendant leurs œufs.

Seule, la judicieuse Emma avait été chercher la police.

V

— Devines-tu maintenant? me demanda Jacques.

— Un peu, mais pas tout à fait.

— Ce faux invité, ce malencontreux trouble-fête, c'était ton vieux camarade Baudru.

— Soit! Mais de là à épouser Mlle Cornichet! On ne devient pas fatalement le gendre d'un homme parce qu'il a un intérieur ridicule et qu'on lui a donné des coups.

— Ah! l'explication fut terrible. Cornichet voulait le traîner aux assises, lui demander au civil cinquante mille francs de dommages et intérêts. Mais voyez la Providence en ses rares moments de sagesse! Baudru avait conservé un souvenir impérissable de cette blanche apparition d'Hélène. Il était vraiment amoureux de cette pure jeune fille entrevue dans un cauchemar, de cet ange descendu dans un rêve d'orgie banale, comme par une trappe ouverte au ciel. — Écoutez, dit-il très doucement à Cornichet, chez le commissaire, quand tout fut éclairci, j'ai une belle situation sociale et vingt-cinq mille livres de rente. Je vous fais les plus plates excuses et, si vous voulez bien me l'accorder, j'épouse... — Encore! s'écria Mme Cornichet, toujours exaspérée. — Oh! dans six mois seulement! murmura le jeune homme. — Topez là, mon gendre, répondit Cornichet, qui n'avait pas plus de rancune qu'un poulet truffé. Je me moque maintenant comme d'une guigne de M. de Langelure.

Et l'aventure finit ainsi, au grand contentement de la morale publique, aussi moralement qu'il se puisse, mais non pas cependant de façon à contenter tout le monde. Car les dames témoins de ce drame batignollais en eurent les sangs si copieusement tournés que Mme Bidache en demeura sourde, Mme Cambajou en devint hydropique, Mme Crottin en tomba du haut mal, et Mlle des Haudriettes en conçut des coliques de miséréré.

Amen !

BERNADETTE

I

Dans sa petite chambre de la rue des Filatiers, Bernadette rêvait le plus mélancoliquement du monde, ce pendant qu'Avril souriait et que les petites marchandes de violettes promenaient un jardin devant sa porte. Bien qu'elle n'eût guère plus de trente ans et fût belle encore de cette beauté latine qui traversa les âges, brune avec un profil de médaille, le menton un peu charnu, l'air doucement bestial, quelque majesté dans la marche et un embonpoint appétissant, Bernadette aurait pu méditer les jolis vers de Villon, dans la ballade de « Celle qui fut Haulmière » :

Ainsi notre temps regrettons,
Entre nous pôvres vieilles sottes,
Assises bas, à croppetons
Tout en ung tas comme pelottes.

« Haulmière » elle l'avait été, puisqu'ainsi nos aïeux nommaient les filles folles de leur corps qui, tapageusement coiffées, ceinturées d'or, n'ayant souci que de bonne chère et de joie facile, font payer cher aux jeunes gens le mépris des gens de bien, créatures pernicieuses et délectables à la fois auxquelles je me garderais bien, pour ma part, de souhaiter plus de vertu. Certes, elle avait été à la mode parmi les fastueux imbéciles qui aiment à brocarder leurs maîtresses comme des châsses, et aussi fort appréciée des sages qui estiment que nudité parfaite est le plus beau vêtement de la femme. Des négociants importants s'étaient ruinés pour elle et des fils de famille lui avaient dû les douceurs d'un conseil judiciaire. Elle n'avait pas estropié moins de trois marchands d'allumettes en cinglant le trottoir des hautes roues du phaéton qu'elle conduisait elle-même, acclamée des godelureaux assis devant les cafés, enviée des pauvres filles en cheveux debout sur le seuil des boutiques, impertinente à souhait, toujours escortée de désirs et de malédictions. Comment tout cela avait-il fini si vite? Le goût des hommes est changeant, en province plus encore qu'à Paris, et puis Bernadette avait jeté l'argent par les fenêtres, comme s'il devait repousser entre les pavés. D'honnêtes commerçants l'avaient induite en crédits fantastiques pour lui vendre les choses vingt fois leur prix, et ç'avait été un vrai pillage de cette fortune mal acquise par un tas de bons citoyens qui méprisent la prostitution mais en vivent. Les amants s'étaient lassés de subventionner cette délicate industrie. Bernadette avait été vendue et la dégringolade avait marché vite Actuellement elle était à la veille d'être mise à la porte de son taudis, et de menus créanciers l'insultaient à la journée. Citons, parmi les plus endiablés, le boucher Capoulade, le boulanger Rotenfluth, le charbonnier Laguarrigue et Mlle Cambajou, la mercière, sans oublier le voiturier Belvès et le cordonnier Lascoumette, un orchestre complet de gens jouant de la dette criarde comme feu Paganini du violon.

II

Un coup à la porte. Bernadette eut je ne sais quel frisson d'espoir. Un ancien peut-être, qui, ayant appris sa misère, la venait secourir. Elle courut ouvrir et demeura muette en se trouvant devant le boucher Capoulade, le plus impitoyable de ses persécuteurs :

— Mais vous savez bien que je n'ai pas un sou à vous donner ! soupira la pauvre fille.

M. Capoulade n'attendit pas qu'elle lui offrît une chaise pour s'asseoir, et gravement, après avoir ramené son mollet droit sur sa cuisse gauche, ce qui indiquait une forte tension de son esprit, tension figurée par celle de sa culotte :

— Je ne viens pas vous demander d'argent, fit-il, mais vous proposer un arrangement.

— Je ne signerai plus de billets. Je sais trop maintenant où ça mène.

— Ce n'est pas de cela qu'il s'agit. Délégué auprès de vous par mes amis Rotenfluth, Laguarrigue, Belvès et Lascoumette, mandataire de

Mlle Cambajou et opérant pour mon propre compte, je viens vous offrir une affaire qui vous libérera vis-à-vis de nous, pourvu que vous y mettiez quelque bonne volonté.

— Plût au ciel, monsieur Capoulade, que je ne vous dusse plus rien ! Mais quelle affaire ?

— C'est Lascoumette qui a eu l'idée, hier, en lisant le journal. Une société de bienfaisance qui s'appelle l'Académie française donne, paraît-il, tous les ans, des prix de vertu variant entre douze cents et deux mille francs. Que diriez-vous si nous vous en avions un ?

— Un prix de vertu à moi ! Vous voulez rire !

— Pourquoi pas ! Ces prix se décernent évidemment sur les rapports faits par les personnes ayant connu le mieux celui ou celle qui les brigue. Il ne tient qu'à nous de vous attribuer un tas d'actions magnifiques ; Rotenfluth, qui est conseiller municipal, est là pour obtenir à nos récits toutes les légalisations les plus rassurantes. Est-ce dit ?

— Encore une fois, vous vous moquez de moi, monsieur Capoulade.

— Enfin, si vous avez un prix, vous engagez-vous à nous en distribuer le montant au prorata de nos créances ?

— Ça, certainement, pour avoir la paix. Mais je n'aurai pas de prix.

— Ceci est notre affaire, conclut le boucher.

Et il sortit en saluant presque poliment, ce qui ne lui arrivait qu'aux grands jours.

III

Six mois ont passé. Nous sommes dans le cabinet de travail d'un des plus jeunes de l'Académie, *id est* de ceux à qui reviennent de droit les corvées. Celui-ci doit préparer le rapport sur les prix de vertu en annotant les dossiers des candidats, après en avoir fait une sérieuse étude. Mais faut-il l'avouer? Sa pensée est ailleurs, une pensée vagabonde qui court de délicieuses prétantaines à travers le passé. On ne naît pas avec un habit vert. La vie ne commence pas à l'investissement solennel de l'immortalité. On a aimé, on a poursuivi les filles sous la fraîcheur des bois, le dimanche. On a bu voluptueusement, comme les moineaux francs dans le sable, la tiédeur du soleil et composé des sonnets pour les inhumaines. Il est des sentiers où le souvenir recommence les écoles buissonnières d'autrefois. — Allons! allons! un peu de courage et mettons-nous à la besogne! Dossier 664. Mlle Bernadette Pesquidoux.

Et notre homme se remit à rêver de plus belle.

— Bernadette?... — Pesquidoux?... Ces deux noms chantent dans sa mémoire. C'est une musique confuse, un écho qui vibre de bien loin en se perdant.

Et il feuillette les pièces.

Un dossier magnifique, émouvant, passionnant. Quelques extraits au hasard :

« Soutient une mère infirme et quatre petits

frères en bas âge qui n'ont pour vivre que son travail... » *Signé : Capoulade.*

« A arraché aux flammes un centenaire qu'elles allaient dévorer... » *Signé : Lascoumette.*

« A retiré des flots un nouveau-né qui allait y périr... » *Signé : Belvès.*

« A arrêté deux chevaux emportés et tué un chien enragé... » *Signé : Laurence Cambajou.*

« A fondé, avec ses minces ressources, un asile de vieillards... » *Signé : Rothenfluth.*

Et les cachets officiels pleuvaient sur ces certificats, et l'académicien murmurait toujours :

— Bernadette ? .. Pesquidoux ?

Tout à coup il regarda l'adresse et laissa tomber lourdement sa tête entre ses deux mains.

IV

Maintenant, il était sûr de se souvenir. C'était à son dernier voyage dans le Midi : il passait une soirée à Toulouse. Il revenait de Luchon et retournait à Paris pour y poser sa candidature. Des amis lui avaient écrit de se hâter. Quelques feuilles littéraires avaient bien parlé de Théodore de Banville et de Leconte de Lisle, osant insinuer qu'il était honteux que deux grands poètes comme ceux-là ne fussent pas de l'Académie. Mais ce n'était pas là des concurrents à craindre. M. Sardou avait promis sa voix à Coquelin et M. d'Audiffret-Pasquier à un certain comte de

Pétenville, auteur d'une Histoire de l'Impôt foncier chez les Sarmates, étude pleine d'actualité et de fines allusions dont la *Revue des Deux-Mondes* avait eu la primeur. Il y avait bien aussi les candidats perpétuels, Eugène Manuel et de Bornier ; mais il est convenu que ceux-ci entreront le plus tard possible, parce que ce sera une telle révolution dans leurs habitudes de ne plus se présenter que leur entourage la craint sérieusement pour leur santé. Mais bah ! il s'agissait bien de son succès à l'Institut !... Et cette belle fille à la chevelure noire comme un fleuve nocturne, aux yeux pleins d'étincelles, à la bouche charnue comme une pivoine en bouton, qui lui avait fait les heures si douces, dont les caresses l'avaient si longtemps hanté dans un frémissement de tout son être ! Les paupières obstinément fermées, il revoyait les allées Lafayette où ils s'étaient rencontrés et il sentait la pression divinement tiède de ce bras superbe sur le sien. L'âme des parfums se réveillait autour de lui comme lorsqu'on ouvre un tiroir plein de reliques d'amour, cheveux coupés et roses flétries. Ils s'étaient promenés longtemps sous les étoiles, savourant ces premières confidences que se font les inconnus, banales et charmantes à la fois. La courtisane avait eu avec lui des coquetteries exquises et des semblants de pudeur dont il avait joui sans en être un seul instant la dupe. Une voiture les avait emmenés jusqu'à Blagnac où la Garonne rit et pleure à la fois, sur les cailloux, quand l'ombre fait silence autour d'elle, un souffle furtif passant à peine dans les saulayes. Et le retour !... Et cette nuit trop courte qui n'avait été qu'un long embrassement... Le déshabillé rapide et l'impatiente toilette au bord du lit. Les bottines impétueusement jetées dans un coin... et les lèvres cherchant les lèvres... et l'étreinte pleine d'aveux amassés et contenus... Oui, tout cela passait, impérieux, affolant dans sa pensée. Et il ne se trompait pas. Il reconnaissait le nom de la rue... Et puis tout le monde ne s'appelle pas Bernadette d'abord et Pesquidoux pardessus le marché.

V

Mais de là à donner un prix de vertu à cette délicieuse péronnelle !

On se moquait de l'Académie tout simplement. Ils sont si farceurs dans le Midi ! Si vous croyez, mes gaillards, que l'Institut a été inventé pour encourager l'art libéral auquel s'est vouée cette demoiselle !...

Cependant, une seconde fois, notre homme s'abîma dans une nouvelle rêverie.

Et la fin de l'aventure, l'avait-il donc oubliée ?

C'est fort bien de passer une nuit avec une jolie fille... Mais ensuite ?... Quand elle avait compris qu'il ne lui restait plus grand argent pour finir son voyage, elle avait été si gentille ! Il avait bien projeté de lui envoyer un bijou de Paris en arrivant. Mais on ne peut penser à tout quand on a surtout trente-neuf visites à faire, et quelles visites ! Quelque chose comme une promenade au musée Égyptien... Enfin, il avait gardé pour lui toute la joie de cette soirée... Et maintenant, comment allait-il reconnaître la délicatesse de procédés dont il avait été l'objet, le désintéressement de cette excellente créature? En mettant son dossier au panier ! En traitant ses titres comme des non-valeurs !... Et les lois sacrées de la reconnaissance ? Comment, une occasion unique, une chance désespérée de payer sa dette lui était offerte par le destin et il en ferait fi ! Le jeune Académicien sentit en lui mille révoltes généreuses à cette seule idée, et, relisant avec enthousiasme les narrations sublimes de Capoulade, Belvès, Rothenfluth et Cie, il sentit de douces larmes lui monter aux yeux devant tant d'héroïsmes accumulés. Son annotation fut ce qu'elle devait être : un dithyrambe renchérissant sur tous les autres. Bernadette eut la plus important des prix décernés cette année-là Ses créanciers furent payés intégralement. Un jobard assez fortuné la demanda en mariage et l'obtint. Il y eut du bonheur pour tout le monde.

Et maintenant, gloire à M. Montyon ! *Gloria in excelsis !* et que personne ne vienne dire devant moi que l'Académie ne sert à rien !

TOUT CHEMIN MÈNE A ROME

I

Ç'avait été un grand scandale dans le grand monde, — celui qui est censé vivre sur la rive gauche de la Seine, — que le procès par lequel Mme d'Estange avait obtenu son divorce, scandale absolument sympathique à celle-ci. A-t-on idée d'un drôle qui prend par la main une jeune et charmante héritière, la conduit officiellement devant un prêtre et devant un maire, lui passe au doigt un bijou sans valeur, et tout ça pour lui conserver les attributs que Jeanne d'Arc cachait sous l'acier de son armure ! — Car la chose avait été prouvée. — Comment ? je n'en sais rien. Il était acquis que ce mari singulier avait fait à sa femme l'injure, réputée grave par le Code, de ne pas lui faire subir ce que nous appelons aussi, par une singulière inconséquence de langage : la dernière injure ! Après dix-huit mois d'une union mystique, la belle Mme d'Estange avait montré les dents... des dents exquises, blanches et fines comme un pétale des marguerites des champs. Elle s'insurgea hautement contre ce *non possumus* matrimonial. Elle en appela aux tribunaux de son pays qui lui donnèrent raison et la délivrèrent du lien honoraire dont un quidam présomptueux avait prétendu la rendre esclave à jamais. Celui-ci s'en alla du prétoire avec ce que nous appellerons très justement, à l'instar du dictionnaire, sa courte honte. En vain, il en appela ; il fut plus débouté que jamais. Il faut d'autres qualités pour garder une seule femme qu'un sérail tout entier. Ce qui démontre bien aux partisans du suffrage universel combien le nombre est une misérable entité philosophique. Ah ! mon gaillard, vous vous embarquiez sans vert sur la galère conjugale ! Outre que vous avez payé les dépens du procès, on a prodigieusement ri aux vôtres.

— Tout cela est bel et bien, dit la jolie comtesse de Saint-Rambert ; mais que va devenir cette pauvre Hélène ? (Ainsi s'appelait la jeune femme divorcée.)

— Se remarier tout bravement ! répondit la pétulante et quelque peu irréfléchie baronne des Andives.

La vieille douairière de Kuhn-Avran, représentante d'une des plus anciennes familles celtes, se signa avec horreur.

— Y pensez-vous, petite malheureuse ! s'écria-t-elle. Est-ce que la rupture du mariage civil ne laisse pas intacts les nœuds que Dieu a bénis ?

— Madame la douairière dit vrai, dans sa piété éclairée, continua d'une voix solennelle et douce l'abbé Bridouille. Un nouveau mariage, dans de pareilles circonstances, est considéré par l'Eglise comme un adultère compliqué de concubinage.

— Ah ! mon Dieu, soupira la gracieuse marquise de Pantaléon, à qui tout ça était bien égal, mais qui semblait y prendre, par politesse, un intérêt passionné.

— Pauvre chère enfant ! murmura Mme de Hautmesnil qui, elle, aimait tendrement Hélène et lui était tout à fait dévouée.

Et, comme l'inquiétude creuse, on engloutit quelques tasses de thé de plus et pas mal de petits fours.

II

— Mais l'Eglise n'admet-elle pas certains cas de nullité ?

— N'est-il pas question dans l'histoire de répudiations célèbres auxquelles elle finit par consentir ?

— Je vous attendais là, mesdames, reprit doucement l'abbé Bridouille, un excellent prêtre à double menton, mais à esprit humble et droit. L'Eglise a toujours été plus libérale que vos sociétés démocratiques en cette matière comme en bien d'autres. Miséricordieuse, avant tout, à la fragilité humaine, elle a constamment recherché des remèdes aux maux qui nous viennent de celle-ci. *Alma Mater !* Oui, certes, elle a consacré, en vue des mariages malheureux, une jurisprudence séculaire dont le Code aurait mieux fait de s'inspirer que de sa vieille loi romaine antérieure à l'avènement du christianisme parmi les hommes.

Elle a constamment reconnu dix-neuf cas de nullité, dont le plus topique est celui précisément de cette pauvre Mme d'Estange. Car le but du mariage étant, avant tout, la continuation d'une race bénie autrefois dans la personne d'Abraham, où ce but fait défaut *ipso facto*, le mariage ne saurait être pris au sérieux. Vous l'avez fait pressentir très sagement, madame la comtesse; la solution de cette question douloureuse est là.

— Eh bien, Hélène ira à Rome faire casser son premier mariage! s'écria Mme de Haulmesnil.

— C'est, en effet, le mieux à faire, continua l'abbé. Mais vous savez que nos magistrats du droit canonique n'opèrent pas à la légère comme vos juges laïques et ne se contentent pas de présomptions. Votre amie doit s'attendre à ce que son cas particulier soit l'objet d'une étude approfondie. Ce n'est que pièces en main qu'on émet ici-bas des sentences sans appel.

— J'aurai soin qu'Hélène emporte, avec elle, toutes les pièces nécessaires.

— N'imaginez pas, reprit en souriant l'abbé, un dossier volumineux. On n'est pas paperassier à Rome comme ici.

— Cette pauvre enfant ne saurait entreprendre un pareil voyage sans être accompagnée d'un conseil, reprit la douairière. Je vais écrire à maître Cotignac, qui nous est tout dévoué.

— Excellente idée! ajouta l'abbé Bridouille. Maître Cotignac, bien que mal vu à la cour, à cause de ses sentiments religieux et de sa foi monarchique, est un avocat plein d'érudition et très au fait des jurisprudences étrangères, parlant à merveille plusieurs langues et l'italien en particulier. C'est, de plus, un homme qui, bien que jeune, a donné toujours des garanties de vertu bien appréciables dans une mission aussi délicate que celle qui va lui incomber. Ce sera pour Mme d'Estange, en même temps qu'un compagnon de route agréable et instruit, une grande ressource et une sauvegarde, un guide éclairé et un ami sûr.

— Je le mande à l'instant même, conclut Mme de Kuhn-Avran.

III

— Partir seule avec ce monsieur que je ne connais pas et pour si loin ! Tu n'y penses pas, Berthe. C'est une folie ! Encore si, toi, tu avais pu m'accompagner.

— Hélas ! ma chère Hélène. Tu sais que M. de Hautmesnil ne saurait se passer huit jours de moi. Tous les maris ne sont pas platoniques, Dieu merci, comme ton animal d'Estange !

— Alors j'y renonce et je resterai veuve.

— Tu veux dire fille, mon amour, et tu n'y penses pas ! Coiffer le bonnet de sainte Catherine après avoir porté la fleur d'oranger ! Je te dis que ce voyage est absolument nécessaire.

— Et si notre Saint-Père n'accueille pas mon instance...

— L'abbé Bridouille dit que c'est absolument certain et gagné à l'avance.

— Mais ce maître Cotignac que je n'ai jamais vu...

— Un homme d'excellentes façons, une des lumières du barreau, très au-dessus de ses confrères qui lui en veulent, parce que, bien que fils d'un cordonnier, il s'est voué tout entier aux intérêts de la religion et de la noblesse. J'étais hier chez la douairière quand il est venu se mettre à ses ordres. Si tu avais vu avec quel respect et quel baisement du bout des doigts, comme au bon temps où les hommes étaient galants et bien élevés ! Ne t'imagine pas, au moins, un de ces chicanous rébarbatifs comme on en rencontre, bouffis entre deux favoris en côtelettes. C'est un homme charmant, qui a quarante ans tout au plus, dont la voix est la plus harmonieuse du monde, d'une grande réserve dans ses manières, et qui a si bien l'air pénétré de la distance qui sépare les gens de sa sorte de ceux qui ont de la naissance ! C'est ce sentiment juste de son infimité qui ne saurait manquer de te ravir et de te rendre sa compagnie aimable. Tu n'as pas été gâtée par les hommages, ma pauvre chère Hélène !

Et Mme de Hautmesnil, se levant brusquement, embrassa deux ou trois fois son amie avec une passion pleine de pitié.

A ce moment, on annonça : M. Cotignac.

Et M. Cotignac entra, saluant jusqu'à terre, mais avec un regard en-dessous qui enveloppa

Hélène comme l'aurait pu faire le perfide filet des antiques rétiaires.

C'était un cavalier de fort bonne mine au demeurant.

Et Hélène?... Mme d'Estange était tout simplement jolie comme un cent d'amours.

IV

Six mois s'étaient passés. On était sans nouvelles.

— Comme les procès traînent à Rome! fit de mauvaise humeur Mme de Saint-Rambert.

— Et à Paris donc, madame la comtesse! exclama l'abbé Bridouille.

— C'est égal, fit avec autorité la douairière de Kuhn-Avran, si j'avais présumé que la cause prît un temps si considérable, je n'aurais pas joué à ce pauvre Cotignac le tour de l'en charger. Ça va lui faire perdre tout simplement sa clientèle ici. Je lui ai écrit plusieurs fois. Pas de réponse. Il est tout à son noble rôle de défenseur d'une compatriote opprimée... Incomparable ami! nature chevaleresque! En voilà un qui sait ce qu'on doit à Dieu et à son Roy!

Et la causerie continua sur ce ton dithyrambique. Seule, Mme de Hautmesnil ne disait rien. Elle était sérieusement inquiète d'Hélène.

Quand elle rentra chez elle, on lui dit qu'une dame l'attendait au salon. Elle s'y rendit aussitôt.

— Hélène !

— Berthe !

Et les deux amies s'embrassèrent longuement dans un délicieux fouillis de voilettes retroussées.

— C'est fait, ma chère Hélène ?

— Oui, c'est fait, ma chère Berthe.

— Ton mariage est déclaré nul.

Hélène rougit et balbutia :

— Oui... mon mariage... C'est vrai. J'étais partie pour ça.

— Eh bien ?

— Eh bien ! j'ai été obligée de changer d'idées.

— Comment ça ?...

— Ne me gronde pas, ma chérie, je suis si heureuse de te revoir !

Et, entourant Berthe stupéfaite d'une caresse plus câline encore :

— J'ai dû renoncer à ce procès, mon amour.

— Tu as craint, pauvre enfant, un nouveau scandale ?

— Ce n'est pas ça... Mais j'avais perdu mon dossier en route..

BIBLIOGRAPHIE COMPARÉE

I

Je me fais un devoir de signaler aux amateurs de livres curieux deux ouvrages qui viennent de paraître et dont les rares exemplaires ne sauraient manquer d'être très recherchés par les bibliophiles de l'avenir. Tous deux sont dus d'ailleurs à ce qu'on est convenu d'appeler des plumes « autorisées ». Ce qui semblerait indiquer que les oies, par exemple, n'ont de droit, pour porter les leurs, que la tolérance du gouvernement. L'un de ces livres porte sur sa couverture ces mots : *Traité de la Vie politique*, par le marquis de P..., député. L'autre a pour titre : *De l'éducation des chiens*, par le docteur Boutemol, de la Faculté de Montpellier. Tous deux sont édités par... Oh! oh ! méfions-nous de la diffamation.

M. le marquis de P... n'est un inconnu que pour les ignorants de la vie parlementaire, pendant ces trente dernières années. Il fut longtemps président du groupe dit de la « Question préalable »,

10

lequel donna lieu à des controverses demeurées dans toutes les mémoires. Les journaux amis du groupe susdit écrivaient : *question* avec un *Q* majuscule et ses ennemis avec un *q* minuscule. Vous sentez la nuance. La querelle des grands *Q* et des petits *q* rappelle celle des Montaigus et des Capulets. La presse en laissa déborder les excès jusque dans l'enceinte même de la Chambre. D'autres groupes se liguèrent, ceux-ci contre le grand *Q* et ceux-là contre le petit *q*. Il y eut enfin les malins, les hypocrites qui ne disent jamais le fond de leur pensée et qui tenaient pour le grand *Q* par devant et pour le petit *q* par derrière, ce dont je les blâme absolument. Car la loyauté est la première vertu d'un homme qui prétend à l'estime de ses contemporains et aux éloges de la postérité. Non content d'occuper cette place importante dans le Parlement, M. de P... consacrait ses vacances, une bonne moitié de l'année environ, à composer l'in-octavo que je vous recommande et qui vient enfin de voir le jour.

Quant au docteur Boutemol, il faut être absolument étranger à la vie vétérinaire pour ignorer ses beaux mémoires sur les races canine et féline. Physiologiste érudit, en même temps que penseur profond, anatomiste distingué et observateur merveilleux tout ensemble, c'est un savant modeste dont les écrits n'en sont pas moins à fort peu près classiques déjà. La production nouvelle dont je vous entretiens est d'envergure plus large que ses précédents travaux. Un in-octavo aussi, parbleu !

II

Eh bien, mais ? Et l'éditeur commun du TRAITÉ DE LA VIE POLITIQUE et de l'ÉDUCATION DES CHIENS ? Un charmant garçon et qui fera, comme un autre, ses petits Elzévirs pour être appelé : éditeur artiste ! Mais je ne veux pas troubler ses premières joies d'époux. Sachez seulement qu'il est encore en Italie avec sa jeune femme. Voyage de noce traditionnel. Les lits d'auberge, étant particulièrement mauvais, sont indiqués par la logique pour y donner les premières leçons d'amour. Tenez pour certain que beaucoup de mauvais ménages viennent de cet usage singulier qui complique la surprise d'une jeune fille innocente d'un tas de menues tortures destinées à lui rendre le devoir odieux, telles que frottement de gros draps, musique indiscrète de sommiers vieux, compagnie d'insectes réputés malpropres, etc., etc. Tout ça n'est rien pour les amoureux bien endiablés de la chair l'un de l'autre. Mais, entre gens du monde qui se connaissent à peine, et débutent par ce qui ne devrait être que la péroraison de longs désirs, un décor voluptueux, toutes les joies intimes du confort, la solitude qui rassure sous les rideaux baignés de parfums tièdes ne seraient pas de trop. J'estime que le soin qu'apporte un nouveau marié à parer la chambre conjugale est d'un homme d'esprit. Mais ce ne sont pas mes affaires. Donc les tourtereaux sont là-bas, par-delà les Alpes, sur le sol nourricier des fumistes et des pifferaris. Monsieur ne pense guère aux livres de lui qu'annonce imperturbablement le *Moniteur de la Librairie*, et madame est toute à ce double printemps qui fleurit, à la fois, les haies d'aubépine et son cœur d'espérance. Voulez-vous que nous les suivions sous un ciel plus bleu que le nôtre, au pays des grands souvenirs, par les musées pleins de chefs-d'œuvre, dans les gondoles pleines de chansons, autour des tables pleines de macaroni? Non! si j'ai mentionné ce voyage dans des conditions particulièrement propres aux distractions professionnelles, c'est uniquement pour plaider des circonstances atténuantes en faveur d'un jeune industriel qui m'achètera peut-être un jour, très cher, mon dernier manuscrit.

III

Circonstances atténuantes?... Un crime alors? Votre homme s'est fait brigand pour dévaliser les berlines? Non! non!... Un simple accident. Une misère. Défaut de surveillance. Livrés au même brocheur avant d'être servis au public, le TRAITÉ DE LA VIE POLITIQUE de M. le marquis de P... et l'ÉDUCATION DES CHIENS du docteur Boutemol, dont les caractères et le papier étaient les mêmes, absolument identiques au point de vue de l'impression, ont été mêlés l'un à l'autre, si bien que des pages du premier suivent, dans un même volume, des pages du second, le tout constituant un salmigondis et une série de coq-à-l'âne stupéfiants. Jugez de la surprise de monsieur le duc d'Audiffret-Pasquier à qui M. de P... avait envoyé son livre avec une dédicace témoignant des sentiments les plus respectueux, quand, à la suite de cette phrase du TRAITÉ DE LA VIE POLITIQUE qui terminait la page 45 : « L'urbanité et la courtoisie sont la condition la plus essentielle de l'existence parlementaire. La tolérance la plus absolue y est un devoir. Lors donc même qu'un de nos collègues semble s'écarter, vis-à-vis de nous, de cette règle fondamentale, loin de l'y rappeler par quelque violence de langage... », il lut celle-ci, page 46 : « N'hésitez pas à le prendre par les deux oreilles et frottez-lui longtemps le nez dans son ordure en lui appliquant des claques sur les fesses, un peu au-dessus de la naissance de la queue. S'il regimbait contre cette première correction, fourrez-lui quelques coups de pied entre les pattes de derrière ; il y a gros à parier qu'il n'y reviendra plus, » évidemment empruntée au livre du docteur Boutemol.

Mais l'étonnement de l'académicien homme d'Etat ne fut pas moindre quand, arrivé au bout de la page 68, laquelle finissait comme il suit : « Mais toutes les tâches qui précèdent, malgré leur importance au point de vue de la prospérité du pays, ne sont rien auprès de cette œuvre capitale : L'enfantement du budget, » il commença la page 69 dont les premières lignes étaient : « Choisissons, avant tout, une femelle jeune et de bonne volonté... »

— La majorité, sans doute, pensa le liseur. Quel langage imagé ! Et il poursuivit : « C'est un grand tort, en cette matière, de regarder à la dépense... »

— Oh ! oh ! oh ! oh ! Voilà une théorie qui nous mènerait loin. Et il continua : « L'opération doit être suivie de très près afin de ne pas être inutilement prolongée... »

— Bravo ! bravo ! l'auteur est contre les douzièmes provisoires. Et il acheva : « Dès qu'on la juge achevée, un bon seau d'eau glacée sur le derrière remet tout en état. »

Le livre roula sur le tapis.

IV

Scène analogue à l'Académie des sciences. L'infortuné Boutemol y donne lui-même quelques lectures à haute voix de son travail. Par coquetterie et par ce sentiment enfantin qui suit quelquefois les auteurs dans leur âge mûr, il a tenu à lire, non pas sur son manuscrit, mais sur le premier exemplaire sorti des presses. Fâcheuse idée. Ses confrères écoutent avec stupéfaction ces deux phrases emmanchées l'une dans l'autre : « On doit donner fort peu de viande aux jeunes chiens. Je n'en conseillerai l'usage que durant la maladie qui doit être combattue, avant tout, par un régime tonique. Un peu de bœuf bouilli, de la tête de mouton », et « mais c'est surtout la lecture de Démosthènes sur laquelle je compte, bien plus que sur celle de Cicéron. Démosthènes est la nourriture des forts... »

Le docteur s'arrêta net, balbutia. Une erreur de mise en page, sans doute. Mais il allait se rattraper! Il sauta donc au chapitre suivant. Il en était à : « Il y a, d'ailleurs, un moyen excellent pour forcer le chien à garder son lavement », et continua : « C'est de l'arracher aux misérables intérêts, pour ne lui montrer que la cause supérieure du parlementarisme en France, constamment compromise par l'insouciance coupable des uns et l'impatience intransigeante des autres. » Ce qui était du marquis de P... tout pur. L'Académie tout entière s'esclaffait, et ce malheureux Boulemol n'eut pas le grand prix qu'il ambitionnait et qui fut décerné à un très intéressant mémoire sur l'intelligence des puces.

Ah! quand ce pauvre éditeur en voyage va apprendre tout ça! Le marquis et le docteur se sont mis d'accord pour lui intenter, à frais communs, un procès formidable, et lui demander des dommages et intérêts ruineux. La cause sera curieuse. Ce pauvre Gâtineau est mort trop tôt pour la plaider. Il l'aurait fait gagner rondement au marchand de livres. Car il aurait très sagement dit, en doux philosophe qu'il était, qu'il n'est qu'une chose pour tout absoudre ici-bas : l'amour!

INNOCENCE

I

Une lande profonde avec des genêts au premier plan, des genêts dont l'or s'est teinté de gris pâle sous les mortelles caresses de l'ombre ; une lande descendant vers la mer posée à l'horizon comme un glaive étendu sur un long coussin. Une solitude désespérée emplit ce paysage morne ; au loin seulement, la silhouette d'un berger se dressant dans le moutonnement obscur des bêtes, d'un berger dont l'œil ne suit aucune étoile. Vous connaissez, comme moi, la mélancolie de ces champs de bruyères, loin des bois dont le murmure vivant est comme une chanson de la terre, loin des maisons dont l'œil jaune s'allume comme celui des chats dans les ténèbres. Mais au-dessus de cette désolation infinie, dans un ciel uniforme où courent à peine quelques vapeurs argentées, la lune, la pleine lune, comme un trou de lumière crevé dans le firmament, la lune despotique et charmante forçant le regard à la contempler seule dans le désert des constellations amorties et comme voilées.

Tel était le tableau auquel, dans le classement des œuvres du Salon, le numéro 1169 avait été attribué, et qui était signé de ce nom : Denise.

Avant qu'il eût quitté l'atelier, pour courir les chances de la réception, le mari de l'auteur, le bon peintre Antony Desroches, avait tenu à sa jeune femme ce langage : « Il est merveilleux, ma chérie, que tu aies pu faire cela toute seule, et tu as vraiment les plus admirables dispositions du monde. Je suis certain que le jury t'acceptera, mais je veux lui cacher absolument que l'œuvre est de toi ; d'abord, parce qu'il ne manquerait pas de croire que je l'ai retouchée et, ensuite, parce qu'en cas d'échec, il vaut mieux que tu n'aies pas à supporter l'ennui d'un refus. Nous ne dirons donc rien, absolument rien. Mais, le jour du vernissage, nous aurons notre revanche, s'il plaît à Dieu !

— Que votre volonté soit faite, mon trésor, avait répondu Denise en enfouissant son joli front sous la barbe fleurie, comme celle de Charlemagne, de son mari, si bien que ses beaux cheveux dénoués, à elle, prolongeaient cette toison dorée, en s'y mêlant.

II

Et, de fait, elle n'avait révélé à personne, pas même à sa meilleure amie, le secret de ses premiers essais heureux ; car les femmes sont souvent merveilleusement douées pour la peinture, et celle-ci avait, au service d'une grande dextérité naturelle, un sentiment très poétique des choses de la nature, le sens mystérieux et profond de ce qui nous prend plutôt par les yeux que par l'esprit. Il ne faut pas demander de métaphysique aux dames. Mais, les subtilités de l'analyse mises de côté, elles nous surpassent en tout plutôt qu'elles ne nous égalent. Et puis, franchement, il n'est pas du tout nécessaire, pour notre bonheur, qu'elles ressemblent au Père Malebranche. Enfin, Denise avait obéi ponctuellement à son mari.

Mais allez donc trouver une femme absolument discrète! Denise avait dit autre chose qu'elle eût encore bien mieux fait de garder pour elle; elle ne l'avait dit qu'à sa compagne la plus sûre, à sa plus chère camarade de pension, et celle-ci lui avait juré le silence. Mais où les femmes nous sont encore inférieures, c'est dans le respect des serments, et celles-là sont rares qui ont la notion de la parole d'honneur. La confidente de Denise, Mme Berthe Martin, femme, comme elle, d'un artiste, ne la possédait qu'imparfaitement. Et encore était-elle d'autant plus coupable, dans l'espèce, qu'elle avait sollicité l'aveu de son amie.

— Comme je te plains, mon ange, lui avait-elle dit un jour, d'avoir épousé un peintre de figure !

— Et pourquoi donc, ma chère ?

— Dame... Toujours des modèles nus dans l'atelier. Je sais qu'on n'a pas à être jalouse de ces créatures ! Mais enfin, pour une jeune mariée comme toi, encore pleine d'illusions et qui adore son mari ! Moi, je n'aurais pas pu... Le mien ne peint que des veaux et des cochons. Ça me rend bien plus heureuse.

— Je ne pouvais pas cependant demander à Antony de renoncer à un genre qui lui a valu ses plus beaux succès. Si tu voyais sa « *Baigneuse* » de cette année... Un chef-d'œuvre !

— C'est ce que m'ont dit les rares élus qui en avaient vu l'ébauche.

— Imagine, ma mignonne, une belle personne blonde et bien dodue qui se présente de dos, la tête légèrement penchée et laissant entrevoir à peine un coin de profil perdu ; ses vêtements gisent à terre au premier plan, et, dans l'herbe humide de rosée, elle s'avance vers un étang tout noyé de brume, sous le dôme éploré des saulaies argentées. Tu verras le beau ton nacré des chairs et les belles lumières d'ambre vivant qui courent tout le long de ce corps frileux, encore moite des baisers de la chemise abandonnée... et une abondance de formes ! Je te dis : une merveille ! Il y a travaillé trois mois sans recevoir personne !

— Et tu as été obligée alors de le laisser trois mois en tête-à-tête avec la femme, belle certainement, qu'il copiait !

Denise rougit et éclata de rire.

— J'ai subi cet ennui avec beaucoup de plaisir, dit-elle enfin, répondant à son amie.

Et comme celle-ci la contemplait, curieuse et interdite :

— Eh bien, oui ! c'est moi qui ai posé ! fit-elle avec une délicieuse moue d'enfant. Il n'y avait aucun inconvénient à ça, puisque personne autre qu'Antony ne m'a vue et ne me verra jamais dans un pareil costume. Mais, au moins, ne le dis à qui que ce soit !

Et elle embrassa bien fort Berthe, comme pour lui sceller sur les lèvres son périlleux secret.

III

Le peintre Martin, non plus, ne manquait pas de talent. Il excellait à rendre les roses de la viande porcine et le poil toujours mouillé de coups de langue des veaux nouveau-nés. Les connaisseurs admiraient les luisants exquis de ses groins et les humidités délicates de ses mufles. Il possédait de la courbe en tire-bouchon que prend, dans les moments de joie, la queue du compagnon de saint Antoine, un sentiment très juste et très personnel ; il n'avait pas de rival non plus dans le rendu des monticules frontaux par lesquels s'annoncent les futures cornes des bœufs en bas âge. Mais il ne fallait pas le sortir de là. Une fois, par ambition de la croix, il avait voulu faire le portrait du député de son arrondissement. Tout le monde se bouchait les oreilles devant l'image, craignant que cet homme politique ne se mît à beugler ou à grogner en cherchant des truffes. De cet échec dans la reproduction des visages humains, il était resté à Martin une indicible haine contre tous les peintres de figure. Il les appelait à tort et à travers « des idéalistes », et il les méprisait comme la boue des gros souliers avec lesquels il allait chercher ses sujets dans les étables et dans les porcheries. Il n'était pas, lui, de ces imbéciles qui croient à la noblesse d'une donnée. Henner! Puvis de Chavannes! un tas de farceurs! Des littérateurs manqués! Lui, il s'en tenait au « morceau », comme il disait. Pour un peu, il aurait soutenu que ceux du cochon, étant infiniment meilleurs à manger que ceux de l'homme, devaient être aussi, *ipso facto*, beaucoup plus agréables à regarder. Mais un dont les succès agaçaient supérieurement ce naturaliste du pinceau, c'était Antony Desroches. Aussi quand sa femme, l'indiscrète Berthe, lui eut, dans un des silences de l'oreiller, narré le secret de Denise, Martin faillit-il mourir de contentement. Elle était bien bonne, celle-là! Et il ne la dirait pas à tout le monde! Ça serait en vouloir à la gaieté générale!.. Il n'avait rien juré, lui! On s'amuserait joliment!

Et huit jours après, dans tous les ateliers, on

attendait, plus impatiemment encore que de coutume, le jour du vernissage pour savoir comment était faite la femme au délicieux visage de l'auteur de la *Baigneuse*.

IV

Beaucoup de monde comme toujours, et un grand brouhaha comme à l'ordinaire. Des gens qui, par vanité, affirment à l'oreille de tous leurs amis qu'ils n'ont pas payé pour entrer. A Paris, c'est toujours une gloire de passer pour un mendiant. Le tableau d'Antony est, par un voisinage tout naturel de lettres, à côté de celui de sa femme, — Denise et Desroches se touchent dans l'alphabet. — Tout le monde court à la figure nue ; mais personne ne regarde le paysage. Illusion charmante de mari ! Oubli bien rare de soi-même dans une affection plus impérieuse que l'amour-propre ! Antony, trompé par les groupements ambigus de la foule devant les deux toiles, est convaincu que c'est celle de sa femme, la toile signée Denise, les landes que domine l'astre au front d'argent posé sur les balcons d'ombre du ciel, qui est ainsi fêtée par la curiosité publique.

Aussi court-il, tout enfiévré, les salles, Mme Desroches à son bras.

Et à chaque camarade qu'il rencontre :

— Avez-vous vu la lune de ma femme ? salle D, n° 1169.

— Oui, cher ! tous mes compliments ! répondent les uns qui se murmurent ensuite à eux-mêmes, ou bien glissent tout bas à leur voisin : Eh bien ! il a un joli toupet !

Les autres courent au tableau indiqué, et quand ils le retrouvent à nouveau dans l'immense promenade :

— Magnifique ! mon ami, magnifique !

Et ils ajoutent mentalement : « C'est du cynisme ou je ne m'y connais pas. »

Et le pauvre Antony, qui est un peu commun dans son langage, d'ajouter :

— On en mangerait, n'est-ce pas ?

Ou bien :

— Comme c'est nature !

Ce que Martin s'amuse ! Berthe a bien quelques remords ; mais, au fond, elle a embrassé les querelles d'école de son mari, sans en comprendre un mot, et elle se moque pas mal de Denise.

— 1169 ! Allez voir 1169 ! crie Martin à tout venant. Et il chuchote des mots aux oreilles des gens. Le pauvre Antony est convaincu que celui qu'il croyait son ennemi lui fait une propagande désintéressée et le remercie : « Admirables vos cochons, mon cher ! on dirait des personnes ! Quelles physionomies fines et distinguées ! comme on voit bien que ces bêtes sont habituées à porter de la soie ! Avez-vous vu la lune de ma femme ? »

. . . .

— Quel succès, mon amour ! quel succès ! C'était un affolement pour voir ta lune !

Et, dans le lit conjugal, Antony, triomphant, entoure sa femme de chastes caresses.

— Tout le monde se demandait s'il avait vu le 1169. Passe-moi le livret, ma Denise. Je n'ai pas eu seulement le temps de le regarder !

La jeune femme obéit et prit le bouquin en allongeant son beau bras blanc vers le bout de la cheminée.

Tout à coup, Antony poussa un cri.

Il y avait eu une transposition dans les numéros au moment du classement. C'était sa *Baigneuse*, à lui, qui portait le numéro 1169.

ÉLIANE

I

— Il est malséant, conclut Blanc-Minot, de ne pas croire à la vertu des femmes.

— Un instant, fit Jacques. N'ajoute pas, je t'en prie, pour accabler mon scepticisme d'un coup, comme ont accoutumé de le faire les croyants en cette matière : « Vous n'avez donc, Monsieur, ni mère, ni sœur ?» Pour véhémente que soit cette apostrophe, elle ne saurait servir de raisonnement. Quand j'ose insinuer qu'il y a tous les jours des gens indélicats qui coupent le cou des vieilles femmes et forcent les secrétaires, quelqu'un serait également fondé à s'écrier : « Vous n'avez donc, Monsieur, ni père, ni frère ? » Quelque bonne opinion qu'on ait de la valeur morale de sa propre famille, on ne saurait sérieusement affirmer qu'elle échappe aux faiblesses communes. Qui de nous est sûr de n'avoir pas eu pour ancêtre un horrible chenapan ou pour aïeule éloignée une dame accessible aux fadeurs des godelureaux ? C'est le cas de répéter avec le sage : *Homo sum et nihil humani*, etc... L'ensemble de nos ascendants et de nos proches est comme le sanctuaire devant lequel le prêtre vraiment fervent ferme les yeux. Ceci dit, je conviens qu'il y a des femmes vertueuses, beaucoup de femmes vertueuses, infiniment plus qu'il n'en faudrait pour le tranquille bonheur des célibataires.

— C'est fort heureux.

— Ceci est une autre question. Je dois d'ailleurs à ma légendaire franchise d'ajouter que vraisemblablement nous n'entendons pas le mot vertu de la même façon.

— Parbleu ! il n'y en a pas cependant dix mille. La vertu, pour la femme, c'est, de par une définition généralement acceptée, la fidélité à son époux si elle est mariée, et la sagesse absolue si elle ne l'est pas.

— Voilà qui va bien. Reste à nous entendre sur la solidité de l'un ou l'autre de ces attributs. Quand tu m'auras montré une légion d'épouses fidèles et une autre légion de vierges immaculées, je te défie d'en conclure autre chose que ce fait absolument brutal : Voilà beaucoup de personnes qui n'ont pas rencontré celui à qui elles auraient cédé.

— C'est du joli !

— C'est du certain. Qui t'assure que Cornélie, mère des Gracques, qui t'assure même que Jehanne, la bonne Lorraine, n'eussent pas succombé, une fois aux prises avec l'idéal vivant que toute femme porte en soi, idéal unique, très défini, seul inexorablement vainqueur chez les natures élevées, susceptible de multiplications et de divisions à l'infini chez les autres ? Si l'amour n'est pas le plus puissant de tous les sentiments, autant dire qu'il n'existe pas. S'il n'entraîne pas les plus vaillants aux plus misérables faiblesses, autant le nier tout de suite. Mais alors il restera à refaire l'histoire de l'humanité. Je vais plus loin. La femme a si bien conscience de ce pouvoir inexorable qu'elle met une fierté douloureuse à s'y soustraire, et cela toujours avec le sous-entendu cruel qu'elle n'a pas trouvé à le subir dignement. Ce serait un très sot compliment à lui faire que de lui dire qu'on la croit impeccable. Quel mérite aurait-elle alors à vous refuser quelque chose ? Le plus grand supplice de la femme de César était certainement celui de ne pouvoir être soupçonnée.

— Paradoxe que tout cela.

— Veux-tu un fait personnel ? Car j'ai eu, comme toi, ces illusions, et je veux bien te conter comment, d'un mot, j'en suis à jamais revenu.

II

Si femme avait la renommée d'être impossible à tenter même aux plus audacieux, c'était certainement la comtesse Eliane. Veuve d'un homme que sa froideur avait fait mourir, tant il en était effroyablement épris et s'était meurtri le cœur à le jeter sous les pieds de cette statue, elle passait, non pas pour méchante, mais pour férocement insensible. Mystique avec cela, d'un mysticisme inaccessible aux accommodements dévots. La nature et l'éducation hérissée de principes qu'elle avait reçus, un tempérament douteux et des convictions arrêtées, tout concourait à la défendre. Pour les gens de bonne foi, la beauté chez un tel être en fait un monstre. A quoi bon alors ces yeux admirablement doux et pareils à deux myosotis cueillis dans le jardin des rêves ? Pourquoi cette chevelure blonde s'étalant, comme un linceul d'or, devant les caresses éperdues ? Et cette bouche sensuellement humide, rose lascive et comme prête à s'ouvrir au souffle des baisers ? Et ces magnifiques épaules s'élargissant, à la base du cou, comme un fleuve lacté qui vient mourir dans la mer ? Et ces bras aux transparences éburnéennes dont l'étreinte ne devait être qu'une fraîcheur parfumée ? Oui ! que voulait dire cette tentation sans issue ? Pourquoi ce supplice des âmes ? A quoi pense la nature en forgeant ces décevants caprices, ces inutiles splendeurs ? Voilà, pour le coup, la cruelle énigme, ou je ne m'y connais pas. Donc Mme Eliane avait la réputation parfaitement assise d'une dame près de qui les soupirs sont superflus. J'en étais plus convaincu que personne, moi à qui aucune honnêteté ne fut étrangère. Une seule chose m'étonnait, c'est qu'elle ne parût pas insurpportablement orgueilleuse de cette déification. Elle en acceptait les hommages avec une simplicité infinie, et tout le monde, tout ce monde qui l'appréciait comme moi, ne faisait aucune difficulté de reconnaître qu'elle était très bonne enfant.

III

Nous étions, elle et moi, chez des amis communs, au château des Hermines, dans un coin du Languedoc tout à fait accidenté et charmant. Nos hôtes étaient d'excellentes gens tout à fait corrects dans la vie, mais pas bégueules cependant. On y recevait de très bonne amitié, — dans ce débonnaire castel, — des dames véhémentement soupçonnées d'avoir eu des intrigues provinciales. Mieux que cela, — ou plus mal, suivant les opinions, — une comédienne illustre qui avait été l'amie de pension de la maîtresse de la maison y passait régulièrement ses vacances. Tu vois d'ici ce milieu peu gourmé, et tu devines cette existence fainéante entre deux interminables repas. Car, dans le Midi, le jour n'est qu'un long entr'acte entre ces deux pièces en cinq actes et vingt plats qui s'appellent le déjeuner et le dîner. J'avais, je l'avoue, la ferme volonté de tromper quelque mari absent durant cette villégiature. Il y avait là des bourgeoises et même des personnes de demi-noblesse tout à fait dans mes appétits ordinaires, majestueusement dodues, avenantes de façons, idoines certainement à devenir d'adorables maîtresses pour une saison. Je ne dis rien de la comédienne qui m'avait assommé de ses rôles et des iniquités dont elle avait été l'objet, de la part de son directeur, durant les quelques tête-à-tête dont je fus vite revenu. Je n'aime pas causer dédit entre deux tendresses. La comtesse Eliane arriva et, toujours en vertu de cette probité de nature dont je désespère de guérir, tout à l'admiration de sa beauté, subjugué par son charme cruel, il me fut impossible de poursuivre aucune autre aventure que celle d'un être stupidement amoureux, j'entends amoureux sans espoir, lâchement, sans révoltes viriles même, tant j'avais été bien prévenu que je perdais mon temps. Et ce qui accroissait encore le ridicule de cette poursuite platonique, c'est que rien de farouche dans son accueil ne donnait raison à ma timidité. Au contraire, j'aurais ignoré sa haute et inexpugnable vertu qu'il m'eût semblé certainement qu'elle cherchait à m'encourager. Elle paraissait aimer ma compagnie, laissant volontiers son bras sur le mien durant les promenades. Mais la légende avait passé par là. On m'avait si bien dit qu'elle était « bonne enfant » en apparence ! On s'accoutume à tout, et j'en étais à vivre dans d'humiliantes résignations, soumis à ce qui me semblait une inexorable fatalité.

Les petites bourgeoises, les personnes titrées et la comédienne me méprisaient parfaitement. Le maître et la maîtresse de la maison avaient pour moi d'outrageantes pitiés.

IV

Une admirable nuit d'août, semée d'étoiles ; les raîcheurs lointaines de la Garonne montant parmi les brises tièdes ; une langueur immense et comme balancée dans l'air par l'aile innombrable et invisible des parfums. Comment la comtesse Éliane était-elle venue avec moi dans ce coin isolé du parc, très loin déjà du château dont les éclats de rire ne venaient plus jusqu'à nous ? Mon Dieu, tout simplement en marchant devant soi dans le sable qui craquait musicalement sous ses bottines, en causant de ceci ou de cela, de tout, parbleu, hormis de ce que j'avais dans l'âme et de ce qui en avait chassé tout le reste. Imaginez toutes les séductions des choses, toutes les persuasions amoureuses de la nature : le chant d'une source soulevant les cailloux de son bouillonnement ; le frôlement des joncs vibrant comme des lyres sous le vent nocturne ; le vol des phalènes traversant le silence ; de beaux rayons de lune se brisant en poussière d'argent dans les feuillages ; toutes les harmonies des sons mourant dans l'espace et des couleurs se transformant dans des reflets d'apothéose. Rien ne manquait au décor d'une idylle entourée de toutes les poésies ; pas même le tertre de gazon que baignait, au pied, une clarté douce, tandis que le sommet se recueillait dans l'ombre tamisée par les arbres comme sous la transparence exquise de rideaux. Et elle était là, tout près de moi, la gorge à demi nue sous son mouchoir dénoué, les cheveux traînant sur le cou, résumant dans son être lassé toutes les senteurs divines du jour évanoui, ce sublime alanguissement de toutes les choses avant le sommeil !...

Mais la légende était là, l'inexorable légende de vertu.

— Ah ! madame, m'écriai-je, quel beau moment avec une autre que vous !

Elle m'abîma dans un regard que je n'oublierai jamais.

— Et avec un autre que vous, fit-elle en me tournant le dos.

Son accent avait un tel mépris que j'en demeurai écrasé sans même chercher à la poursuivre.

Mais mon éducation était faite. J'avais été un parfait imbécile. Je l'avais mortellement offensée.

J'en ai conclu que, de tous ses charmes, celui auquel la femme tient, en réalité, le plus, c'est sa fragilité. Et, en effet, mon pauvre Blanc-Minot, sans celui-là, que ferions-nous de tous les autres?

L'ORAGE

I

Quand M. de Mérens reçut du gouvernement l'avis qu'une mission nouvelle lui était confiée, mission qui durerait tout juste une année, si bien que, quittant le 1er janvier ses domaines, c'est seulement le 1er janvier suivant qu'il y pourrait revenir, il éprouva tout ensemble une certaine joie patriotique et un grand ennui conjugal. Les fonctions qui lui étaient dévolues avaient de quoi flatter son amour-propre, parce qu'elles étaient délicates et difficiles; de plus, il pouvait servir très utilement son pays. Mais elles l'éloignaient de sa femme qu'il adorait. Car il n'y avait pas à penser que Blanche, — ainsi s'appelait Mme de Mérens, — pût supporter les fatigues d'un voyage rapide à travers un pays à peine en voie de civilisation. Son prédécesseur au poste qu'il allait occuper ne lui avait laissé ignorer aucune des difficultés que ce poste comportait : installation équivoque, déplacements nécessaires et continuels, impossibilité d'aucun confort même relatif. Allez donc traîner une Parisienne élégante, accoutumée à toutes les délicatesses de la vie, de santé fragile d'ailleurs, parmi les hasards de cette existence improvisée! Ce n'est pas que Blanche se refusât à cette aventure, — car elle, aussi, aimait beaucoup son mari, — mais la raison s'opposait pour elle à ce qu'elle la tentât. Ce fut un déchirement pour tous deux que cette séparation. Mme de Mérens déclara qu'elle voulait rompre absolument avec le monde et s'abstenir de toute distraction pendant cette mortelle absence. Les plaisirs lui feraient mal ; tout lui serait odieux, hormis le souvenir du cher voyageur ; le recueillement seul et la retraite pourraient lui rendre supportable l'épreuve. On convint donc qu'elle ne quitterait pas leur terre de Touraine, le vieux château plein de la mémoire des ancêtres, l'austère manoir isolé dans les bois et dominant seulement, du faîte de ses tourelles, le paysage fleuri, le riant désert qu'offre, par rares places, ce doux jardin de la France. Elle filerait sa laine comme Pénélope, ou bien surveillerait les travaux de la ferme, s'intéressant aux mille riens charmants de la vie campagnarde, à l'éclosion des poussins, la taille des pêchers, distractions innocentes et mystiques où se complaît la vertu. Cette solitude serait d'ailleurs pour elle sans aucun péril. L'habitation voisine appartenait à un ami d'enfance, au plus intime compagnon de M. de Mérens, le comte Adalbert, sous la protection de qui celui-ci n'hésitait pas à mettre sa femme.

Car, entre ces deux hommes, c'était une fraternelle affection, et chacun d'eux considérait son vieux camarade comme un autre soi-même. Cet Adalbert vivait là, d'ailleurs, sans jamais en sortir, n'ayant qu'une médiocre fortune, en compagnie d'une sœur plus âgée qui l'avait détourné du mariage par pur égoïsme de vieille fille qui ne veut pas demeurer seule. C'était alors un gentilhomme d'une quarantaine d'années, d'allures robustement agrestes, avec un grand air de race et beaucoup de distinction naturelle, très loyal d'aspect, adorant la chasse et la pêche, dévoué et généreux dans la mesure de ses moyens.

II

Il y avait précisément sept mois que M. de Mérens était parti, et sa femme était demeurée fidèlement dans le programme qu'elle-même avait tracé. Sans jamais avoir quitté le manoir où le curé du village voisin venait dire la messe, le dimanche, sinon pour aller rendre quelquefois visite à la sœur du comte Adalbert, elle y comptait les journées qui la séparaient encore du jour du retour. L'arrivée du facteur, que précédait sur le chemin poudreux un tire-bouchon de poussière se roulant sur le sol, était le seul événement qui la touchât. Il lui apportait quelque lettre bien pleine de tendresse et ne repartait pas qu'avec une réponse longtemps attendue dans l'office, patiemment aussi, grâce à une bouteille de vin blanc. Dans chaque enveloppe elle mettait quelque fleur cueillie le matin même et écrasée entre les feuillets d'un missel. Un baiser y avait rajeuni le parfum des pétales meurtris. Puis elle rêvait longtemps à sa fenêtre en ogive, regardant s'en aller un peu de son cœur avec cet homme titubant sous le soleil qui nous pompe les libations jusqu'au cerveau. Elle redescendait alors dans le parterre, poussait quelquefois jusqu'à l'étable où une génisse favorite tournait ses grands yeux de velours noir vers elle, rien qu'en reconnaissant le bruit, pourtant léger, de ses pas. Dans l'après-midi, le comte ne manquait jamais de la venir voir, l'instruisant complaisamment aux choses de la campagne, respectueusement familier avec elle, d'humeur douce et égale, lui constituant en un mot une société à la fois aimable et très congrue. Excellent cavalier, il l'accompagnait souvent, quand une bonne brise avait rafraîchi le temps, dans des courses à cheval, mais sans s'éloigner jamais beaucoup, sans sortir le plus souvent du domaine qui était considérable. Pour sauter en selle, Blanche mettait, sans hésiter, son joli pied dans la rude main du gentilhomme, qui l'enlevait d'un simple effort d'avant-bras, sans même un mouvement d'épaule. Ils trottaient ensuite ou prenaient un temps de petit galop sous les arbres, se rejoignaient ou se suivaient, sans se dire grand'chose, ou bien en parlant, avec un plaisir loyal et partagé, une expansion commune, de M. de Mérens qui serait revenu enfin dans cinq mois. Il n'était pas rare non plus qu'Adalbert revînt dans la soirée. Il avait une grosse voix de baryton, mal dégrossie, mais d'un timbre puissant, presque dramatique, — musicien médiocre d'ailleurs et ayant un pitoyable goût. Mais Blanche n'était pas en Touraine aussi difficile qu'à l'Opéra et prenait un assez réel délassement à accompagner sur le clavecin les romances sentimentales ou farouches qui composaient le répertoire de son mélodieux voisin. Innocence et franchise! telle eût pu être la devise de ces deux gens de bien si parfaitement dignes de la confiance d'un honnête homme.

III

Je vous ai dit qu'on était en août, à la fin d'août même. Il avait plu le matin, et Blanche n'avait pu sortir. Puis la journée avait été lourde et comme écrasante, le soleil ayant bu, avec une avidité d'ivrogne, les larmes vite taries de l'averse. Rendue maussade par ce temps extrême dans ses rigueurs, Mme de Mérens avait à peine dîné; un peu de dessert seulement et un verre de vin d'Espagne. Jamais elle ne s'était sentie aussi seule et jamais, par conséquent, l'arrivée du comte, vers huit heures, ne lui avait fait autant de plaisir. Elle éprouva, toutefois, une certaine joie méchante à le taquiner, à lui dire des choses presque blessantes. Il les prit d'abord en riant, puis les subit, muet, avec une certaine mélancolie.

— Sortons un nstant! lui dit-elle tout à coup; on étouffe ici.

Elle jeta une capeline rouge sur sa belle chevelure noire et tous deux descendirent dans le jardin. Ils marchèrent droit devant eux et du parterre passèrent dans le bois, en traînant, sans parler beaucoup ou ne disant que des choses insignifiantes. On ne voyait pas le ciel sous les arbres. Aussi, ignorant des menaces à l'horizon, continuèrent-ils très en avant leur promenade, tandis que de lourdes nuées escaladaient les bords du ciel, grimpaient, rapides, vers le zénith, et que des lueurs d'orage traversaient le lit rouge encore tout à l'heure du soleil couchant. Le vent très haut ne mettait son frémissement qu'aux cimes du feuillage, un frémissement argentin. Il y avait partout une grande inquiétude des êtres, des oiseaux rasant le sol avec de petits cris, des insectes bruissant et se cachant dans l'herbe. Une odeur chaude et comme grisante montait des mousses. Les nerfs se tendaient dans cette atmosphère alanguie et sans densité, comme des cordes qui vont se briser. Le souffle mourait dans les poitrines. Tout à coup, le ciel devenu tout noir creva. L'eau et le feu en descendirent, l'eau tombant jusqu'à terre, le feu se croisant en mille zigzags dans l'air. Adalbert et Blanche se rapprochèrent instinctivement. Ce fut comme deux électricités que mêle une seule étincelle. Une sorte de pavillon rustique était tout près. Il la prit fiévreusement dans ses bras, sentant se révolter en lui toutes les virilités robustes et refoulées, et emporta sous cet abri le beau corps sans résistance dont les vivantes haleines le rendaient fou.

IV

Elle lui avait dit en sortant, quand l'orage apaisé leur avait permis de quitter cette retraite : « Je voudrais être morte ! » Et, très sincèrement, éperdu sous le poids de leur faute, il lui avait répondu : « Je voudrais être mort aussi ! » Le comte fut plusieurs jours sans venir. Comme l'émotion avait brisé Blanche, elle fit une sorte de maladie. Il le sut et prit régulièrement de ses nouvelles, mais sans entrer. Il fallut bien pourtant, pour la sœur revêche et pour les domestiques, se revoir. Très discrètes d'abord, les visites recommencèrent bientôt comme par le passé, mais sans le même abandon. Puis leur remords se fit meilleur enfant, et peu à peu, une confiance que rien ne justifiait se rétablit entre eux. Chacun rentra plus avant le secret qu'il avait dans l'âme comme pour aider l'autre à l'oublier. Jamais ils ne parlèrent ni clairement ni par allusion de cette orageuse soirée. Cependant, décembre étant arrivé dans son chariot de neige et une lettre de M. de Mérens annonçant qu'à date fixe, à savoir le 1er janvier suivant, il serait de retour :

— Vous savez, dit brusquement Blanche à son coupable protecteur, que je n'ai jamais su mentir?

— Cependant... balbutia celui-ci.

— Que voulez-vous ! C'est une fierté naturelle qui se révolte en moi à l'idée du mensonge et qui me le rend impossible. Qu'il ne me demande rien, et je n'irai pas certes au-devant d'un aveu ! Mais s'il m'interroge... s'il me demande un serment...

Mme de Mérens mit ses belles mains blanches devant ses yeux, et un frisson d'angoisse passa dans son cou aux reflets d'ambre clair.

Adalbert, lui, rentra très pensif en son castel. Tout se prêtait, autour de lui, aux méditations qu'aucune gaieté ne traverse. Le ciel d'un gris morne, les bois dépouillés secouant dans le vent leurs squelettes noirs, le vol des corbeaux mêlant des cris aigus au bruit lointain de leurs ailes, le sol ondulant sous un linceul, l'œil azuré des eaux dormant sous une paupière de glace, tout constituait un décor funèbre à sa rêverie. Le spectre de Mérens, de l'ami trompé, se promenait dans ce paysage sombre... Il pensa, une seconde fois, à se tuer; mais il trouva qu'il se portait vraiment trop bien pour cela.

V

O folie des embrassements après une si longue absence! Nous sommes au 1er janvier, et M. de Mérens, éperdu, serre Blanche sur son cœur. Celle-ci, toute à une joie réelle, a tout oublié, bien qu'Adalbert soit là, Adalbert que son impatient ami a envoyé chercher en arrivant.

— Une année! une année tout entière sans se voir! O ma petite femme adorée, que c'est long! Trois cent soixante-cinq jours! Trois cent soixante-cinq!... et autant de nuits! Jure-moi que, pendant trois cent soixante-cinq jours, tu n'as pas cessé un seul de m'aimer.

Blanche devint toute pâle. Adalbert, inquiet, se pencha à son oreille.

— Vous pouvez jurer, lui dit-il tout bas, l'année est bissextile!

TRENTE ANS APRÈS

I

Au coin du feu — depuis quelques années, le coin du feu est de toutes les saisons — et ramassés tout autour, dans de nonchalantes poses, nos vieux amis d'autrefois : l'ex-commandant Laripète, devenu un de nos grands savants départementaux, l'un des rares heureux de l'ordre du Mérite agricole; très bedonnant, mais encore de belle santé, moins bedonnant, cependant, que sa femme, notre belle Olympe d'antan, encore exquise dans son embonpoint de chanoinesse, mais si postérieurement développée que, lors même qu'elle voyage seule, il lui faut prendre une chambre à deux lits; enfin, cette ganache toujours grinchue de Le Kelpudubec, qui, lui, au contraire, est devenu si apocalyptiquement maigre que, lorsqu'on l'aperçoit de profil, on croit avoir une paille dans l'œil. Vous me savez gré, j'imagine, de vous donner quelquefois des nouvelles de ces premiers héros du long poème dont tous les chants ont été écrits ici pour vous.

Le thé fume sur une petite table de marqueterie. La commandante y mêle, dans sa tasse, deux ou trois gouttes de rhum; Laripète, deux ou trois petits verres; Le Kelpudubec, le contenu entier de la tasse, parce que le thé l'empêche de dormir. Cela ne serait rien, de vous à moi, mais ledit thé empêche aussi de dormir tous les voisins de l'amiral, les agitations nocturnes de ce vieux loup de mer se traduisant par un grand cliquetis d'os pareil au bruit d'un combat à l'arme blanche. Olympe fait de la tapisserie, des pantoufles pour son curé, car il n'est plus aujourd'hui que le clergé pour porter des pantoufles fleuries comme des jardins. Le Kelpudubec fait sortir du fourneau de sa large pipe d'écume des nuages qui s'envolent en tournoyant et en revêtant des formes confuses comme celles de nos rêves.

Laripète lit; il lit non pas un de ces romans futiles qui n'ont, comme ceux de notre Guy de Maupassant, de mérite qu'une fine observation du monde, de belles révoltes lyriques sous un fond de gaité résignée et un beau style clair bien français. Ce sont qualités dont notre cher cornard se moque prodigieusement. Il n'a de regards attentifs, sous son pince-nez, que pour la prose pesante des revues, pour ces bons morceaux de littérature massive qui vous écrasent une question pour en extraire la conclusion comme on fait d'une noisette pour en retirer l'amande. Présentement, il est enfoui dans un des derniers numéros de la *Revue de Géographie*. Il y dévore un mémoire du docteur Bérenger Féraud, médecin de marine, qui a réuni, il est vrai, de très curieuses notes sur la façon dont certaines peuplades sauvages habitant, au sud du Sénégal, le littoral occidental de l'Afrique, pratiquent le mariage.

II

— Ecoutez, mes enfants ! fait-il tout à coup. Ça, c'est trop drôle.

Olympe leva son joli museau à la Roxelane de dessus son lainage bariolé (car, je vous le répète, bien qu'ayant passé de beaucoup la quarantaine, notre ex-commandante est encore fort digne de plaire, et il serait injuste de la classer parmi les beautés en retraite qu'un vieux bureaucrate appelait peu galamment : des cottes irretroussables). L'amiral poussa une bouffée furieuse de fumée vers l'infini, et Laripète lut à haute voix le texte auquel je me garderais bien de changer moi-même un mot :

« *Chez les Sévères, les choses du mariage se passent encore d'une manière plus accentuée dans le sens de l'avertissement symbolique de la jeune fille. En effet, pour accomplir la cérémonie, la famille de la jeune fille sort du village et a l'air de se livrer paisiblement aux travaux des champs avec elle. Le fiancé arrive à son tour avec ses parents et ses amis, ayant l'air de chercher quelqu'un. Dès que la jeune fille est aperçue, on s'écrie : La voilà! La voilà! Celle-ci se met à courir en simulant la frayeur, mais on la poursuit vigoureusement. Sa famille accourt comme pour la défendre, et il se passe une scène de combat simulé qui aboutit naturellement à la capture de la fiancée. Pendant le combat, chacun joue son rôle avec le plus d'entrain possible; la fureur la plus grotesque doit être simulée par ceux qui aiment à se faire remarquer, et il n'est pas rare que, dans les jeux, un acteur trop zélé ne donne ou ne reçoive un mauvais coup réel...* »

— Ah ! mon Dieu ! quel trait de lumière !

C'est l'amiral qui avait poussé ce cri, et ses amis étonnés le virent enfouir son visage entre ses larges mains osseuses, tandis que sa gorge sifflait sous le poids d'une émotion indicible. Chose invraisemblable ! Deux larmes, deux grosses larmes, pareilles à des œufs de moineau, filtrèrent entre ses doigts décharnés et roulèrent sur ses genoux aigus, comme celles qu'une lame laisse aux crêtes coupantes d'un rocher.

Le commandant et sa femme, au comble de l'inquiétude, s'empressèrent autour de lui, et la bonne Olympe lui fit avaler, presque de force, un petit verre d'un vespétro de famille qu'elle confectionnait avec les pépins d'oranges.

III

Quand le vieux loup de mer, dont la superbe pipe s'était brisée en roulant à terre, fut revenu de ce coup inattendu, c'est sur un ton dolent, avec des hoquets lamentables qui secouaient sa prose comme une loque au vent, qu'il commença le récit dont je me refuse à accentuer l'écho sur le même mode tumultueux.

— Ces quelques lignes, fit-il lentement, viennent de jeter un jour impitoyablement amer sur un des épisodes les plus accentués de ma vie maritime. C'était pendant la longue mission que j'accomplis, sans jamais avoir pu savoir de quoi m'avait chargé le gouvernement, et qui me valut, par l'intelligence que je mis à la remplir, le haut grade où je suis parvenu. A toutes les questions que je lui adressais, par des procédés télégraphiques beaucoup moins perfectionnés que ceux d'aujourd'hui, le ministre répondait par un : « Bravo ! continuez ! » Ou bien il m'envoyait une promotion dans la Légion d'honneur. On a répandu depuis le bruit, dans les bureaux, qu'il se trompait d'adresse et croyait correspondre avec un de mes collègues, lequel accomplissait, en effet, durant ce temps-là, des prodiges de courage et de génie. L'imbécile voulut réclamer à son retour et mourut, dans la disgrâce, des suites de ses blessures. Il ne l'avait pas volé ! Est-ce que je m'étais permis de faire des observations, moi? Le silence est la grande vertu du marin, et il faut bien mal connaître l'esprit d'équité de l'administration pour ignorer qu'on l'embête toujours en la priant, si poliment que ce soit, de réparer une injustice ou une bévue. Elle est comme la femme de César, qui ne voulait pas être soupçonnée, pourvu qu'elle le fît cocu.

Et cependant, méconnaissant, j'en conviens, la façon filiale dont me traitait cette *alma parens*, j'avais des idées de grandeur et de révolte dans le cerveau. Je rêvais une union qui me fît maître de moi-même, un mariage splendide avec la fille de quelque chef de tribu puissant. Je deviendrais le gendre d'une façon de roitelet dont j'agrandirais le royaume par mes conquêtes. Feu mon beau-père, comme on dit dans les billets, je serais souverain moi-même, souverain terrible par la distance, et je conclurais des traités lointains avec mon ancienne patrie ! Le Kelpudubec Ier !

Ces mots fatidiques sonnaient à mon oreille comme un nouveau : « Macbeth, tu seras roi ! » Aujourd'hui j'en serais bien revenu, de cette glorieuse fumée. Avec la politique coloniale, on aurait certainement tenté de m'annexer, et il m'eût été affreusement pénible de porter, nouveau Coriolan, les armes contre mon pays. Mais ce sont là des billevesées politiques bonnes, tout au plus, comme propos de Chambre et qui m'éloignent de mon sujet.

IV

Je crus mon rêve bien près de se réaliser. Un chef illustre de tribu, le vaillant Kadécornotutu, paraissait on ne peut mieux disposé à une alliance de ce genre. Il avait une femme fort laide qui manquait absolument de fermeté dans les chairs et portait ce nom ridicule : « Oménéné. » Mais cela m'était bien égal, attendu que, pour rien au monde, je n'aurais violé le lit d'un hôte aussi bienveillant. Il avait d'ailleurs une fille, une fille ravissante, un bijou de bronze, tout en reliefs brillants et savoureusement durs. O Cœur de Chou ! ma princesse adorée, pourquoi faut-il que ton image renaisse sous les traits brûlants d'un remords !...

Et l'amiral eut un coup de hoquet qui faillit enlever la perruque de Laripète comme un coup de vent.

— Tout était convenu, poursuivit-il, et le grand jour était arrivé. Quatre de mes marins, toujours dévoués à ma fortune, devaient être les témoins de mon bonheur. Nous nous rendons à la hutte de mon beau-père en grande cérémonie. Mais la hutte était vide. Ce manque de convenance, je dois le dire, me froissa tout d'abord. Mon mécontentement s'accrut encore quand j'aperçus ma nouvelle famille en train de labourer, comme à l'ordinaire, un champ qui n'avait jamais rien rapporté. C'était, vous en conviendrez, un manque d'égards gratuit. Cependant j'aperçus Cœur de Chou binant dans un coin avec tant de grâce, que je m'avançai gracieusement vers elle pour lui faire galamment reproche de son peu d'empressement à me recevoir. A ma grande surprise, elle se sauva en m'apercevant.

N'ayant jamais aimé à être jobardé, je me mis à la poursuivre. Mais au moment où j'allais l'atteindre, son oncle Kamalotutu m'allongea sur la tête un coup de matraque qui me fit voir trente-six chandelles. J'aperçus, en me retournant, nos marins qui m'avaient suivi, molestés par un tas de drôles qui les rossaient à grands coups de bâton. Comme j'allais demander une explication loyale de cette façon étrange d'agir, le cousin Pépeupoli de ma fiancée m'écorna une esse d'un coup de hache.

C'en était trop ! la trahison était manifeste ! J'étais tombé avec les miens dans un piège abominable tendu par les cannibales. Nous allions tous être mis en daube par les anthropophages.

— Feu ! mes enfants, criai-je !

Mes marins, qui avaient d'excellents revolvers et que cette fessée n'amusait pas, ne se le firent pas dire deux fois.

Pan ! Pan ! Pan ! Pan ! Aïe ! Aïe ! Aïe !

Un crépitement ! puis des plaintes. Toute ma future famille était couchée dans les sillons, agonisante, avec des convulsions épouvantables qui éclaboussaient la terre de sang.

— Ah! Cœur de Chou! tu m'appartiendras maintenant.

Car une femme était dans mes bras, ma fiancée que j'avais arrachée à la mort en lui faisant un rempart de mes épaules.

— Hi! hi! hi! hi!

Fit, sous mon étreinte, une petite voix qui n'était pas la musicale voix de Cœur de Chou. Je contemplai ma proie sous l'éclair d'un dernier coup de feu. O rage! Je m'étais trompé dans le désordre du combat. C'était ma belle-mère, l'affreuse Oménéné que j'avais sauvée!

Je m'enfuis épouvanté et quittai la plage le soir même.

. . . .

Hélas! j'étais bien au Sud du Sénégal, sur la côte occidentale d'Afrique, et je vois maintenant que mon ignorance seule des coutumes poétiques d'un peuple primitif m'a fait massacrer des innocents et manquer à jamais ma princière fortune.

Et l'amiral, brisé par l'émotion, se mit à raccommoder philosophiquement sa pipe d'écume.

EN MER

I

— Enfin, es-tu marié?

— Non, me répondit Jacques, et, cette fois-ci, je renonce absolument à l'institution des « justes noces », comme disait le code latin. On ne trompe pas sa destinée. La mienne n'était décidément pas de vivre au coin d'un foyer tranquille, en face d'une épouse habile à broder des mouchoirs et à confectionner le thé familial, des enfants autour de mon fauteuil, et le cœur gonflé de dégoût pour la tourbe infecte des concubins. Ce sont fortunes paisibles écrites à l'avance quelque part, je ne sais où, mais que la volonté humaine ne saurait improviser, monobstant les caprices du sort. Le *trahit sua quemque voluptas* virgilien est la devise des heureux. Il en est d'autres qu'entraîne au contraire une fatalité absolument opposée à leurs goûts. C'est mon cas. Car tu sais si j'étais d'honnête nature, de tempérament vertueux, et s'il m'en a coûté de faire cocus mes meilleurs compagnons au lieu de l'être moi-même, comme il sied à tout homme de bien. Je n'ai été qu'un braconnier de l'amour, parce que les dieux m'ont refusé des terres, à moi, pour y offrir mon propre gibier aux passants, après en avoir tué légalement moi-même autant que j'aurais pu et suivant la solidité du fusil que le ciel m'aurait accordé.

— Nierais-tu la responsabilité humaine, Jacques, comme jadis Spinosa, et ne t'aperçois-tu pas qu'une telle théorie est subversive de toute morale, la morale n'ayant de base sérieuse que la proclamation du libre arbitre en toutes choses, ce qui revient à considérer les passions comme de simples billevesées dont on s'affranchit avec quelque bon vouloir?

— Laisse-moi tranquille avec ta philosophie! Ne conclus pas du particulier au général. Je ne parle, après tout, que de ma propre expérience. Tu as assisté à mes essais loyaux pour entrer dans la vie régulière, et tu n'as jamais douté de ma soumission profonde aux désirs de ma mère qui me voulait marié à tout prix; tu as même fait un livre de mes tentatives malheureuses pour forcer la porte du temple du dieu Hymen. Tu me croyais certainement découragé, n'est-ce pas? Eh bien, non! J'ai risqué une dernière aventure et, si tu en veux bien écouter le récit, tu jugeras toi-même qu'il convient de renoncer aux conjugales délices!

— Conte, mon garçon, conte toujours. Si ton

histoire m'ennuie, e penserai à autre chose en l'entendant sans l'écouter, et j'engagerai le lecteur à en faire autant.

II

— Te souviens-tu du peu de succès qu'avait eu mon voyage transatlantique, quand je fus victime d'une Anglo-Saxonne qui se moqua si bien de moi et dont une visite de douane me révéla les coupables artifices ? O néant des grandeurs ! Le néant des grosseurs peut se comparer hardiment à toi ! Quand les appas qui m'avaient séduit s'effondrèrent, un à un, sous les doigts irrespectueux des visiteuses, ce fut comme un écroulement de mon rêve jonchant le sol de ses splendeurs brisées. Décidément, pensai-je, les traversées à la vapeur, dont la monotonie est particulièrement propre à bercer les illusions, sont contraires à mon projet de vertu. Mais j'essaierai, un jour ou l'autre, d'un voyage au long cours, autrement intéressant et accidenté. A moi une place sur un des magnifiques clippers à voiles qui promènent leurs passagers de Southampton en Australie ! Là, de vraies émotions m'attendent, et je sentirai peut-être battre mon cœur sous le triple airain recommandé par Horace aux navigateurs, qui, jusqu'ici, ont préféré, comme moyen de sauvetage, la ceinture de liège. Un danger partagé, l'effroi commun d'une tempête, mille accidents que je ne saurais prévoir, peuvent jeter dans mes bras la fiancée si longtemps attendue ! Ce qu'il peut m'arriver de pis, c'est de visiter un pays curieux, de voir sur place des kanguroos et autres bêtes exotiques. Et qui sait ! C'est peut-être parmi les filles des convicts que je trouverai mon introuvable compagne !

Ainsi parlai-je en moi-même, puis à haute voix à ma mère qui m'approuva absolument.

Il y a huit mois justement partait le bâtiment de mes rêves ; un superbe voilier, l'*Albatros!* Il était renommé, de plus, pour sa bonne tenue, et le capitaine Martins, qui le commandait, passait pour un de ces marins austères qui ne badinent pas avec la discipline et ne songent qu'à la régularité ponctuelle du service. Pas de foule à bord avec cela. Une vingtaine de passagers seulement, dont quatre dames appartenant à d'excellentes maisons. Beaucoup de confortable ; une table abondante ; la possibilité de faire de la musique, ce qui est toujours en voyage une sérieuse distraction. Que pouvais-je souhaiter de mieux ?

III

Des quatre passagères, une seule était vraiment charmante. Miss Ellen avait une admirable chevelure blonde et des yeux bleus exquis. Sa robe très simple dessinait ses formes avec une vérité sculpturale et une fidélité éminemment plastique. Ce n'était assurément pas avec des paquets de dentelles qu'étaient modelés ces jolis seins au contour doucement ondoyant, ni ces hanches rebondies, pareilles à deux collines jumelles, où fleurissait la rose du désir. Tout était attirant et délicieux dans cette jolie personne, qui joignait beaucoup de grâce pudique à tant d'involontaires attraits. Comme je compris bien vite qu'il ne fallait pas lui faire ostensiblement la cour, au moins jusqu'à ce que j'eusse pris un parti définitif — car compromettre sans raison une femme est une action abominable — je déversai mes hommages apparents sur une autre miss d'une trentaine d'années, celle-là, infiniment coquette, et qui ne douta pas un seul instant de la sincérité de ma cour ; car elle était de celles qui ne comprennent pas qu'on en puisse aimer d'autres, et beaucoup de vieilles filles gardent, par une singulière pitié du destin, cette consolante illusion que ce sont elles qui n'ont point trouvé d'époux dignes de vivre à leur côté. Miss Mary était d'ailleurs assez bien pour que mes assiduités ne me rendissent pas ridicule aux yeux de mes compagnons de route. Experte dans l'art d'accommoder les restes, elle présentait encore un très sortable ragoût de charmes en pleine maturité : gorge médiocrement virginale mais abondante ; beaucoup de langueur dans les poses ; une pointe de prétention dans l'esprit. Pour être franc, j'en ai adoré dans ma jeunesse qui ne la valaient certainement pas.

Grâce à cet ingénieux manège, je pus tout doucement et en tâchant de m'en faire aimer, sans qu'il en parût rien pour personne, étudier le caractère de miss Ellen, et je dois dire que chaque découverte nouvelle me fut un véritable enchantement. C'était bien un trésor de naïveté, de douceur, d'idées honnêtes et élevées que je sentais sous ma main.

Pendant que j'observais ainsi, en sourdine, et en décochant sournoisement mille galanteries délicates à ma bien-aimée, miss Mary triomphait de la grande passion que je feignais pour elle. Elle me croyait sincèrement malheureux et en était enchantée. Où le bon naturel des femmes se retrouve tout entier ! Le capitaine Martins souriait en nous regardant.

IV

Il était dit que mon programme s'effectuerait avec une ponctualité merveilleuse. J'avais rêvé une tempête; nous faillîmes disparaître sous l'Océan. Je ne sais plus quel diable de cap nous doublions, mais je me souviens que l'équipage tout entier se crut perdu. Ce fut une bourrasque sans nom, une effroyable mêlée de tous les éléments autour de nous. Le capitaine fut héroïque. Il ne quitta pas le pont, où de lourdes lames venaient le renverser, et il continua de commander la manœuvre en homme qui veut disputer chèrement à la mort la vie de ses hôtes. Pendant ce temps-là, je ne m'étais occupé, moi, que du salut de miss Ellen. Seuls, tous deux, dans une cabine... « l'amour est frère de la mort », a écrit un grand poète... Ce grand abandon devant le danger nous fut un oubli de toutes choses. Que nous importait l'univers s'écroulant autour de nous! O les magnifiques noces sous le tonnerre, et les nues crachant du feu! Pour lit nuptial, les vagues bondissantes sous un rideau d'éclairs !... Ce fut l'instant le plus délicieusement solennel et le plus cruellement voluptueux de notre vie à tous deux, sans doute. Car, je n'en pouvais plus douter, j'étais aimé autant que j'aimais.

Une heure après, nous étions sauvés, et les plus enthousiastes embrassaient les genoux du capitaine Martins.

. . . .

Le lendemain, j'éprouvais, je l'avoue, un remords véritable de mon bonheur. J'avais détourné de ses devoirs une jeune fille sage. J'avais l'intention de l'épouser, il est vrai, mais quand? Nous étions encore au commencement de la traversée. Je brûlais de réparer le tort que je lui avais fait, quand une circonstance imprévue m'en donna, comme à plaisir, le moyen. En feuilletant machinalement le code du bord, j'y appris que le capitaine était, durant la traversée, investi de toutes les fonctions d'officier d'état civil, pouvant marier et devant constater naissances et décès absolument comme les choses se font à terre.

Mon parti était pris. Mais voulant faire à miss

Ellen, que je voyais toute confuse et désolée de sa chute, une surprise qui lui donnât une haute idée de ma délicatesse, je me gardai bien de lui en communiquer quoi que ce soit.

V

Ce bon capitaine Martins avait je ne sais quel air paternel dans les façons qui m'encouragea. Sans lui nommer ma victime, je lui fis, ma foi, une confession complète. Il m'accueillit avec infiniment d'indulgence, et quand je lui eus dit pourquoi je le venais trouver, il me tendit cordialement la main.

— Ce que vous faites est bien, jeune homme, me dit-il. Un honnête homme ne garde pas sur la conscience le remords d'avoir abusé des sentiments d'une femme, quand celle-ci est libre. Il y a longtemps, je dois l'avouer, que j'avais remarqué votre penchant pour cette dame, avec cette finesse du marin à qui rien n'échappe de ce qui se passe à son bord. J'espérais que les choses n'iraient pas aussi loin; mais enfin, puisqu'elles ont pris un tour irrévocable, je suis heureux que votre honnête résolution répare tout de suite ce que la situation avait de fâcheux pour la morale. Je vais donc faire prévenir, sans plus tarder, miss Mary...

— Miss Ellen, voulez-vous dire?

Le capitaine Martins devint vert-pomme.

— C'est miss Ellen, repris-je sans m'apercevoir de son émotion, que j'ai...

Je n'eus pas le temps d'achever. Le marin me prit le poignet avec une force désespérée. Ses yeux jetaient des éclairs.

— A la première escale, fit-il d'une voix brisée, monsieur, vous quitterez le bord.

Je voulus répliquer ; mais d'un accent menaçant et tendant la main vers son revolver :

— Je n'ai rien à vous dire, sinon que je suis maître absolu ici.

Le lendemain, j'étais débarqué avec tous mes bagages, sans avoir revu miss Ellen.

Miss !... J'en appris une belle, six mois plus tard. Miss Ellen était tout simplement mistress Martins. Cet austère capitaine, à qui les règlements défendaient d'emmener sa femme dans ses traversées, la faisait tout simplement inscrire comme passagère sous un nom de jeune fille.

Décidément, je ne me marierai pas.

Et Jacques se mit à suivre une belle fille qui passait dans la rue.

ÉRUDITION

I

Dans un bosquet du jardin où il cultive les roses — car les anciens militaires aiment souvent les fleurs — notre vieil ami Laripète est confortablement assis, un livre à la main. A côté, sur un fauteuil de fer qu'elle emplit de l'aimable trop-plein de sa personne, la commandante ourle, du bout de ses doigts potelés, un petit bonnet pour la crèche ; enfin, perché sur un banc naturel formé par une branche d'arbre transversale située très près du sol, l'amiral que vous savez balance rythmiquement ses longues jambes, en fumant son inévitable pipe. Idyllique tableau s'il en fût ; décor d'innocente églogue que je choisis exprès pour prouver que, n'en déplaise à certains esprits grincheux, mes imaginations sont toujours les plus congrues du monde, et qu'il m'a toujours fallu de méchants hasards pour ne pas demeurer l'écrivain le plus chaste de mon pays, sans excepter

Berquin et Florian que j'aurais voulu pour maîtres.

Tout à coup, le bon Laripète éclate de rire et lâche son bouquin pour se mieux pouvoir tenir le ventre.

— Qu'avez-vous? vieil imbécile! lui demanda doucement sa femme. Vous m'avez fait piquer les doigts.

— Tu sais, j'ai entendu! riposta sévèrement l'amiral en roulant des yeux furibonds.

Car il faut vous dire que depuis que l'amiral est devenu odieusement sourd, il est d'une susceptibilité et d'une méfiance insupportables, s'imaginant toujours, quand il voit les autres gais, qu'on lui a manqué de respect de quelque façon.

— Mes amis! s'écria Laripète en toussotant encore, tant sa gaieté le tenait à la gorge au point de le congestionner, c'est l'histoire que je viens de lire, une histoire à étouffer!

— Vous ne lisez jamais que des malpropretés, gros dépravé! poursuivit angéliquement la couseuse.

— Des malpropretés! riposta le commandant indigné. Un des ouvrages les plus estimés des érudits de tous les mondes! Car savez-vous, madame, le volume que j'ai là sous la main? Non! Eh bien! c'est un des monuments de la littérature orientale, le fameux *Shah-Namch* (1), écrit pour Mahmoud, en 1012 environ, par le poète Ferdousi

(1) C'est, en réalité, dans le *Shah-Namch*, que tout le monde peut consulter à la Bibliothèque nationale, que j'ai pris ceci.

prédécesseur des poètes de la grande pléiade persane sous les Charnévides; il me suffira, j'espère, de vous nommer, dans cette phalange glorieuse : Auwari, Chakâmi, Ferid-Eddin-Attar, Djellal-Eddin-Rumi...

— Pissenlit, Kakaoli, hurla, en bougonnant, Le Kelpudubec que cette nomenclature commençait à ennuyer. Vas-tu nous ficher un peu la paix avec ton érudition de pacotille?

— Je ne me fais pas plus fort que je ne suis, répliqua modestement Laripète. C'est dans une traduction nouvelle que je m'instruis.

— Eh bien! alors, conte-nous ton histoire.

Le pauvre commandant rougit comme une cerise de Montmorency.

II

— C'est que, fit-il, c'est un peu scabreux devant ma femme.

Le Kelpudubec, à son tour, qui n'avait le sentiment d'aucune convenance, faillit se casser une côte en ricanant. La commandante lui lança, en dessous, un regard!

— Il s'agit, je ne sais comment vous dire ça... Enfin, c'est une aventure qui ressemble à celle du pauvre Abélardus, autant que le récit d'un suicide à la narration d'un assassinat.

— La vocation substituée à la violence? Je comprends, fit l'amiral qu'un sentiment du curiosité poussait, par hasard, à aider son vieux camarade à sortir d'embarras.

— Allez donc, Onésime! fit la commandante. Vous gazerez pour moi. Vous mettrez à votre style une feuille de vigne.

— C'est que, précisément, ma chère Olympe, jamais feuille de vigne ne fut plus inutile qu'à mon héros.

— Va donc! tu parles à des gens qui ont entendu chanter l'alleluia à la chapelle Sixtine et n'en ont pas été distraits de leur dévotion naturelle par de méchantes pensées.

— Après tout, fit Laripète, vous le voulez? La science a, d'ailleurs, ses droits, et nous demeurerions ignorants, comme des carpes, des mœurs des autres peuples si nous appliquions à leur littérature les détestables procédés de bégueulerie qui ont, durant des siècles, ankylosé la vigueur de notre esprit et affadi les originelles virilités de la nôtre.

— Moi, dit Olympe, pourvu qu'on ne nomme pas un chat un chat...

— C'est que c'est justement d'un shah qu'il s'agit, répliqua le commandant, d'un shah de Perse. Il s'appelait même Mahmoud-Shah.

— J'ai connu intimement un de ses descendants, interrompit l'amiral; il n'en était pas plus fier pour ça, car il vendait des pantoufles dans le passage des Panoramas.

— *Sic transit gloria mundi!* exclama douloureusement Laripète, pensant en lui-même que, sans l'injustice constante du destin, il aurait dû être, pour le moins, général.

— En finirez-vous, mon ami ? insista la commandante. Il ne faudrait pourtant pas prendre l'habitude de laisser toujours votre monde en plan.

— Attrape ! murmura méchamment l'amiral.

III

— Ce Mahmoud-Shah, reprit le commandant, était un prince très guerrier, d'un caractère d'ailleurs difficile et extraordinairement jaloux. Sa femme, la princesse Micouli, justifiait, par sa beauté, les penchants méfiants de son époux à l'endroit des autres hommes. Car c'était une personne admirable de tous points et jouant à merveille de divers instruments de musique, ce qui est beaucoup plus apprécié là-bas que le talent de nos dames sur le piano. Chaque fois que le souverain belliqueux partait pour quelque campagne, il avait coutume de confier sa femme à son premier ministre. Mais quelque gardien scrupuleux qu'eût été celui-ci de la vertu de Micouli, Mahmoud-Shah n'avait jamais manqué de lui faire trancher la tête à son retour, estimant qu'un homme, mis au contact d'un pareil trésor, devait être toujours, au moins, soupçonné. Cette méthode avait cela de bon encore, c'est que, quand le gouvernement changeait de politique, les fonctions de chef du nouveau cabinet étaient compétitionnées beaucoup moins scandaleusement qu'en France. Elles étaient remplies, au moment où mon récit commence, par un certain Abaka, bureaucrate habile et consciencieux, mais tenant beaucoup à la vie. En voilà un qui ne poussait pas son prince aux expéditions lointaines et à la politique coloniale ! Le bon roi d'Yvetot, de pacifique mémoire, n'eût pas eu de meilleur conseiller. Aussi Mahmoud-Sah ne conservait-il aussi précieusement ce dignitaire d'un tempérament si contraire au sien, que parce que Abaka excellait à pressurer le peuple sous des impôts ingénieux et à gonfler le budget de centimes additionnels. Et d'un roublard pour la conversion des Rentes !

Ce pauvre Abaka fit une grimace épouvantable quand son gracieux souverain lui annonça, un jour, qu'il allait conquérir un bout de terrain en Mongolie et occuper militairement une partie des Etats de son voisin, sans toutefois lui déclarer officiellement la guerre, pour ne pas surcharger de notes diplomatiques le livre jaune de son temps.

— Je te confie la princesse, ajouta affectueusement Mahmoud-Sah. Tu me réponds sur ton chef de sa sagesse et de la tienne. J'ai inventé un nouveau cimeterre à ton intention.

Abaka était terrifié.

Comment rendre tout soupçon impossible de la part de son auguste patron ?

Il passa une bien mauvaise nuit, tandis que Mahmouh-Sah en passait une excellente, en attendant l'aurore qui devait le voir franchir les portes de la ville, en tête de son armée, sous les caresses du soleil allumant à l'acier des casques ses premières clartés. Car ce bon mari ne quittait jamais sa femme sans lui faire une avance considérable de conjugales tendresses.

— *Euréka!* murmura le malheureux ministre, sous les premiers rayons d'argent de l'aube. Mais cet *Euréka!* était aussi mélancolique que celui d'Archimède devait être triomphant.

IV

Les fanfares sonnaient encore dans l'écho; sur les pas de l'armée ayant franchi les dernières enceintes, un nuage de poussière s'empourprait des rouges clartés de l'Orient. C'était dans la campagne un grand piétinement de chevaux henpissants, une clameur impatiente d'hommes ardents au combat, un cliquetis d'armures luisantes au soleil. Le prince conquérant, monté sur une bête superbe et blanche comme la neige, semblait voler devant le front de ses troupes ou en aiguillonner les ailes, tant il se multipliait pour leur communiquer son héroïque fièvre. C'était un spectacle admirable, en vérité, et on sentait là passer dans l'air, comme un prélude glorieux, le souffle des prochaines victoires.

Durant ce temps, la belle Micouli pleurait sur

son beau lit de soie brodée, échevelée sur la couche tiède encore du corps de l'absent, toute frissonnante des caresses envolées, maudissant l'humeur guerrière d'un prince si bien fait pour les tranquilles délices de l'amour. Il était convenu que le ministre chargé de sa garde respecterait les premiers instants de douleur et ne se présenterait à elle que plusieurs heures après que le dernier soldat aurait laissé se refermer lourdement sur ses pas les portes de la cité veuve de ses défenseurs.

— Je n'ai pas de temps à perdre! pensa Abaka.

Le défilé dans les rues était encore dans son plein quand le notaire Togrul, titulaire d'une des plus importantes études, vit arriver, longtemps avant l'ouverture de ses bureaux — d'autant que tous ses petits clercs couraient après la musique — Abaka accompagné du chirurgien Malek et de l'apothicaire Pécari, renommé pour son habileté dans l'art d'embaumer les pièces anatomiques et d'empailler les serpents. Le premier ministre tenait, sous son bras, une petite cassette en or, d'un très riche travail, et avait l'air absolument défait, marchant à grand'peine.

— Je viens pour faire un dépôt entre vos mains, monsieur le notaire, fit-il.

Et il parla tout bas à l'oreille du tabellion, qui demeura la bouche toute grande ouverte de la surprise que lui fit la confidence qu'il recevait. D'autant qu'Abaka, qui chantait ordinairement les morceaux écrits pour basse avec un grand succès, dans les salons, l'avait abordé sur un ton de soprano suraigu qui avait mis immédiatement en humeur de chanter une douzaine de serins dans une volière voisine.

— Ces messieurs me serviront de témoins, poursuivit le ministre. Vous voudrez bien apposer les scellés et constater, sur un parchemin authentique, l'heure exacte de la remise de l'objet.

— Cuic! cuic! cuic! cuic! cuic! reprirent les serins avec plus d'entrain, comme si c'était un de leurs camarades aériens qui leur eût parlé dans la langue subtile et fatigante de ces oiseaux.

Le notaire, très troublé, s'inclina, et tous trois entrèrent dans l'étude.

V

Deux mois s'étaient passés. L'apothicaire Pécari était devenu fou. N'avait-il pas, sous prétexte d'améliorer ses procédés de conservation, imaginé une matière si merveilleusement astringente que l'objet expérimenté devenait incorruptible, il est vrai, à jamais, mais se réduisait à des proportions si minuscules qu'un boa constrictor, par exemple, n'était plus aussi gros qu'un simple ver de terre. Les railleries dont l'avaient accablé à ce sujet l'Académie de médecine et l'École de pharmacie lui avaient fait perdre la raison!

Zing! zing! Boum! boum! C'est le glorieux Mahmouh-Shah qui revient dans sa ville sainte. En allant le recevoir aux portes, Abaka, toujours pâle comme un rayon de lune, lui remet, sans perdre une seule minute, le précieux coffret qu'il a été reprendre chez le notaire Togrul, et supplie son royal maître de parcourir le parchemin accompagnant ledit coffret. Mahmoud fait d'abord, en suivant des yeux l'écriture, une grimace d'étonnement, puis une grimace de satisfaction. Il brise vivement les scellés et ouvre la boîte. Alors un éclat de rire terrible le prend. — Un microscope! une loupe! demande-t-il à grands cris. Puis, toujours s'esclaffant et se tournant vers Abaka, prodigieusement interloqué :

— Ma foi! lui dit-il, mon brave, ce n'était pas la peine!

Le premier ministre faillit s'évanouir.

Le lendemain, toutes les dames de la ville le regardaient en chuchotant avec des sourires malicieux. Il dut renoncer à ses fonctions et mourut peu de temps après.

C'était bien fait.

Il n'est jamais permis à un homme de tenir assez à la vie pour la préférer à l'art divin d'être utile à la conservation de sa race et agréable aux dames de son pays.

LE PORTRAIT

Un bon petit atelier de photographie, dans un honnête chef-lieu d'arrondissement, rue des Étoupettes, si cela vous plaît. Le chef de ce menu laboratoire, le titulaire de cette succursale du soleil, était un sieur Girandol, excellant tout à fait dans l'art d'interpréter les beautés de sous-préfectures. Ancien peintre de figure, élève de Schnetz et admirateur de Bouguereau, il avait dû, à un défaut absolu de succès, d'échouer dans la fabrication des portraits mécaniques. Ce n'est pas qu'il manquât de couleur plus que son maître et que ses nymphes fussent plus ennuyeuses que celles qui obtiennent aujourd'hui des médailles d'honneur. Mais, dans le mauvais même, il n'y a pas de place pour tout le monde. Il faut encore un bout de chance pour y réussir. Il ne suffit pas toujours d'être mal doué ou inintelligent pour arriver aux dignités les plus hautes, bien que les imbéciles aient ceci pour eux que le plus grand nombre s'intéresse fraternellement à leur réussite.

Girandol, revenu de ses rêves de gloire, n'avait, il faut en convenir, gardé de ses déceptions aucune amertume. Non pas qu'il se fût résigné à ne plus peindre ; mais il avait trouvé un excellent moyen pour imposer sa peinture. Il coloriait avec rage ses photographies et avait persuadé à tout le monde autour de lui qu'il avait ressuscité ainsi l'art perdu de la miniature. Nul ne l'égalait pour poser une pointe de vermillon aux joues de la femme d'un notaire et pour creuser les rides du génie au front d'un vieux fesse-mathieu. Que vous dirai-je encore de ce brave homme ? Qu'il jouait de la clarinette le soir, ce qui embêtait prodigieusement ses voisins, et qu'il composait des charades qui faisaient le tour des cafés citadins. J'ajouterai que son innocence native était telle qu'il n'avait jamais conçu une idée fâcheuse de la maison qui lui faisait vis-à-vis, de l'autre côté de la rue, bien que ladite maison servît de lieu de rendez-vous à tous les galants de la ville et qu'il s'y fabriquât des cocus à l'heure, ce qui lui était d'ailleurs parfaitement égal, puisqu'il était sage au point de ne s'être jamais marié.

II

— Bonjour, monsieur Le Putois. Ah ! ah ! je devine l'objet de votre visite.

— Il n'y a pas besoin de savoir composer des logogriphes pour ça, monsieur Girandol. On n'entre généralement pas chez un photographe pour se faire arracher une dent, à moins toutefois qu'on ne se soit trompé d'étage.

— C'est donc pour votre portrait ?

— Vous l'avez dit. Je me marie dans un mois, et c'est, dans quelques jours, la fête de ma future. Seulement vous ne bavarderez pas. Car c'est une surprise que j'entends faire à cette chère enfant. On donne quelquefois des bijoux en pareil cas. Mais c'est un usage que je blâme. Comment les réclamer si l'affaire manque? Tandis qu'un portrait avec un mot dessous, ça peut toujours se redemander avec dignité.

— Ma chambre noire est un confessionnal, monsieur Le Putois.

— Je puis vous dire qui j'épouse. C'est Mlle Minage.

— La fille du pharmacien ?

— Tout juste. Il n'est pas déplaisant d'avoir un beau-père droguiste. De tous les produits de l'industrie humaine, les drogues des apothicaires sont ceux sur lesquels on est le plus volé. Je ne paierai pas mes médicaments, et je regarderai s'arrondir les espérances de ma femme de toutes les canailleries qu'accumulera son papa. De plus, Mlle Minage est charmante.

— Vous en êtes amoureux?

— Ça a l'air bête pour un garçon qui vient d'acheter une étude d'huissier, mais c'est pourtant comme ça. J'ai l'air de faire une affaire, parce que la dot est jolie, mais je consomme, au fond, un mariage d'amour, parce que ma future ne l'est pas moins. Une taille, des hanches !... Mais j'ai tort de vous entretenir de ces détails échauffants, vous, un vieux célibataire, un homme vertueux!...

— Ne vous gênez pas pour moi, monsieur Le Putois. L'habitude du modèle nu m'a tout à fait blindé.

— Non! non! je n'aime pas à me vanter dans les conquêtes que je fais. Et sage! Tandis que presque toutes les dames ou demoiselles de la ville ont des amoureux dans les garnisons, Mlle Minage est un modèle avéré de vertu.

— Vous calomniez nos belles compatriotes, monsieur Le Putois.

— Non pas! Non pas!

Et, s'avançant vers la fenêtre, le futur gendre de M. Minage s'esclaffa de rire en voyant s'engloutir successivement sous la porte de la maison d'en face une jeune femme voilée et un capitaine de dragons.

III

Girandol avait, il faut le reconnaître, un sens très particulier du portrait de fiancé. Ce ne fut pas pour lui une corvée de faire poser M. Le Putois et il y apporta une préoccupation d'artiste. Dans l'image d'un huissier, il n'y a pas à chercher le côté plastique. Fût-il construit comme l'Apollon du Belvédère, un huissier ne vous paraîtra jamais joli. Il y avait un élément psychologique à dégager avant tout. Il fallait représenter un homme voué à d'austères devoirs, mais les oubliant, un instant, pour s'abandonner à un rêve d'amour. Cet abandon ne devait être que rapide, et ce rêve fugitif comme un nuage. Sans ça c'était, pour le jeune ménage, la ruine à l'horizon. Roméo entre deux protêts !. Ce n'était ni aisé à concevoir ni commode à rendre. La joie de l'hyménée dans la dignité professionnelle ! Girandol s'obstina. Il avait eu autrefois au Salon un portrait de médecin si parfaitement typique du métier que tout le monde, en le regardant, sentait un peu de colique et ne pouvait s'empêcher de montrer sa langue. Une autre fois il avait exposé une tête de sage-femme si engageante que plusieurs dames avaient accouché deux mois trop tôt rien que pour avoir passé devant. C'était cette spécialité de l'interprétation intellectuelle des habitudes du sujet qui était la sienne. On ne l'avait pas compris et on s'était arrêté, pour ne lui pas donner de médaille, à ce que sa peinture était gratinée, terreuse et abominablement maladroite ; on avait eu tort. L'âme avant tout ! L'esprit avant la lettre !

Girandol recommença donc soixante-neuf fois ; mais quand il eut obtenu son cliché définitif, c'était bien celui d'un jeune huissier qui va se marier, excelle dans les poursuites et aime sa future. M. Le Putois avait l'air de dire positivement à Mlle Minage : « On vous a parlé de mes exploits, mais mes meilleurs, Amaryllis, ne sont pas sur le papier. »

— Montrez-moi ça, demanda Le Putois, qui avait des courbatures.

— Jamais, mon cher client ! Revenez dans deux jours et nous vous soumettrons l'épreuve !

Les deux jours parurent longs à maître Le Putois.

IV

— Vous allez juger, cher monsieur, lui dit, au bout de deux jours et au moment même où il rentrait dans l'atelier, ce bon Girandol qui était positivement enchanté de son œuvre.

Et le photographe disparut dans une de ces chambres mystérieuses où ces nécromants du progrès tiennent leurs solitaires assises dans une grande puanteur de produits chimiques.

M. Le Putois s'approcha machinalement de la fenêtre, en attendant le retour du sorcier. Machinalement aussi, il se mit à regarder, comme la dernière fois, la maison mal famée qui fermait l'horizon de l'autre côté de la voie. Il avait, à ce moment-là, un méchant petit sourire sur les lèvres, en pensant aux maris qui avaient là, sans le savoir, une chapellerie occulte et sans enseigne.

Tout à coup, il eut un frémissement. Devant un gros lieutenant sanglé dans sa veste, et dont la culotte se tendait à chaque mouvement, pleine de menaces, et maintenue seulement par le double fond nécessaire aux cavaliers, une jeune femme était entrée, dont le schall, recroquevillé sur les épaules, ressemblait infiniment au schall de Mlle Minage.

— Je suis fou, pensa-t-il en s'essuyant le front où perlaient quelques gouttes.

— Ne vous impatientez pas ! je vous sèche, lui cria le bon Girandol, toujours derrière sa porte.

Mais M. Le Putois n'écoutait guère. Deux ombres passaient derrière les rideaux d'une fenêtre, deux de ces images vagues qui se dessinent à peine, le jour, sur le fond obscur de chambres fermées. Les rideaux étaient d'une transparence maladroite. On pourrait reconnaître les visages peut-être quand ils s'approcheraient assez de la croisée dans leur va-et vient. Une tête, tout à coup, s'encadra, curieuse, dans la fente des deux morceaux de mousseline. Le jeune huissier sentit se déchirer son cœur. Si rapide qu'eût été l'apparition, le doute n'était plus permis. Amaryllis était perfide avant la lettre, adultère avant le sacrement !...

— Regardez-moi ça. Est-ce assez bien venu ?

Et Girandol glissait la carte entre les doigts de Le Putois, sans s'apercevoir de l'émoi de celui-ci, émoi silencieux et terrible.

Le gros lieutenant avait roulé une chaise à la lumière et, tournant le dos à la croisée, ôtait tranquillement son pantalon avec beaucoup d'efforts. Le Putois demeurait anéanti, en contemplation machinale et automatique.

Au moment même où l'officier lui découvrait une façon de pleine lune, un derrière gigantesque, le plus monstrueux pétard du régiment, il entendit tout à coup avec stupeur la voix douce de Girandol qui, inquiet de ne pas entendre son avis sur le portrait, lui demandait :

— Trouvez-vous qu'il vous ressemble ?

LE REMORDS

I

Quand le gendarme Philidor sortit de la caserne pour aller gagner son poste à la prison, puis au Prétoire, il avait l'air joyeux d'un homme à qui tout a réussi dans la vie. Et cela était vrai à fort peu près. Sous-officier tout jeune, de belle prestance naturelle, il portait la médaille militaire, et aucun de ses collègues de la maréchaussée n'était plus que lui estimé de ses chefs. Doué d'une agréable voix de ténor, possédant juste la somme de bêtise qui permet la vanité sans exposer au ridicule, très martial dans l'uniforme, il avait dû, à tant d'avantages natifs et à un certain manque d'éducation qui l'autorisait à l'impertinence, de grands succès auprès des femmes. Peu de couturières en chambre lui avaient résisté et il n'avait compté aucun échec parmi les modistes. Puis la sagesse était venue sous la forme d'une chance nouvelle. Mlle Capoulat, fille de l'huissier Capoulat, s'était éprise du beau défenseur de l'ordre public. Le père n'avait pas été fort satisfait de cette inclination. Mais il avait fini par y céder, et maintenant Philidor avait de l'avenir en perspective : une lune de miel s'effilant déjà, non pas en cornes comme il arrive à beaucoup, mais bien en corne d'abondance.

J'oubliais une des bonnes fortunes dont Philidor était le plus justement orgueilleux. Il était de Toulouse et sa femme aussi.

Car, si bien des gens arrivent à l'Ecole polytechnique, à l'Institut et même à la présidence des Républiques à force de travail et d'application, ils auraient pu se donner bien plus de mal encore sans parvenir à être de Toulouse, ce qui prouve bien que le génie lui-même ne mène pas à tout.

Toujours de belle humeur, notre gendarme était plus radieux encore ce matin-là que de coutume. C'est que Mme Philidor venait de le régaler d'un cassoulet dont elle avait l'exquise recette et dont les haricots étaient gros comme de petites fèves. Ce qu'il en avait mangé ! Ah ! il n'était pas entré sans peine dans son bel habit à parements couleur de ciel, soutaché d'argent comme un lac bleu d'écume derrière la marche d'un esquif. Le dernier baiser qu'il mit aux lèvres de sa jeune femme était aromatisé et chargé de reconnaissance. Car ce brave homme était gourmand, comme presque tous ceux qui ont bon cœur. Et il s'en était allé ensuite, sifflotant et d'autant plus gai qu'il allait escorter, sur le banc des prévenus, un gaillard dont la cause promettait d'être grassouillette. Car si vous croyez que les gendarmes ne s'amusent pas à l'audience !

Tous les bonheurs en un jour, quoi !

II

Quand l'accusé Onésime Pécoulant apparut, ayant Philidor à sa droite et à sa gauche le brigadier Mouillard, un petit frisson passa dans le public de l'audience, et messieurs les magistrats eux-mêmes échangèrent un même regard satisfait et curieux. Sans comporter le huis clos, l'affaire se présentait avec des détails piquants et des probabilités grivoises. Sur la table de justice une seule pièce à conviction : une culotte. C'était celle de Pécoulant qui n'avait pas eu le temps de la remettre quand il était tombé sous le poids de la vindicte publique. Car il s'agissait d'un procès en adultère, ce qui amuse toujours beaucoup de femmes et ne donne pas assez à réfléchir aux maris. Tout le monde était donc un peu à la rigolade, si j'ose m'exprimer ainsi. Et pourquoi ne l'oserais-je pas ? « Soy rigouler » est une expression de Rabelais lui-même. Voilà qui me suffit tout à fait.

Mais sur quoi compter dans ce monde?

Est-ce la faute de l'accusé qui ne mit aucune bonne volonté à détailler sa bonne fortune ? ou celle du ministère public qui le prit de trop haut ? ou celle de l'avocat général qui perdit une bonne occasion d'être divertissant à bon marché ? Toujours est-il que l'affaire coula, ne fournit pas, demeura terne et ennuyeuse. Ce fut une désillusion aussi pour les dames de la ville, pour Philidor qui avait fini par somnoler doucement, les deux mains sur son grand sabre, pour messieurs les juges eux-mêmes qui avaient fait un tas de galanteries à leurs connaissances en leur réservant d'excellentes places à cette représentation manquée.

Qui devait payer les pots cassés de cette déception générale ?

Evidemment Onésime Pécoulant. Rien n'est mauvais pour un accusé comme lorsqu'il trompe ainsi l'attente publique. Mieux eût valu pour celui-là qu'il eût avoué un tas de polissonneries, même en les inventant. Le rire désarme, dit un proverbe très sage. Tout le monde était disposé à rire du mari trompé. Un cocu, c'est toujours drôle. Monsieur le président, d'une voix sèche comme une volée de trique, lut un jugement qui condamnait cet amant coupable au maximum de la peine.

On eut l'inconvenance d'applaudir dans l'auditoire à cet inique arrêt dicté par la mauvaise humeur.

III

Mais ici se plaça un incident vraiment inattendu et qui réveilla l'attention comme l'aurait pu faire un coup de tonnerre. Au mon nt où, sous a forme la plus banale, M. le président demandait comme par acquit de conscience, à l'accusé, s'il n'avait rien à ajouter, un bruit formidable sortit de dessous le banc de celui-ci, un bruit malséant au possible, un bruit inqualifiable dans la bonne société. Mon Dieu, me fais-je assez comprendre de gens aussi bien élevés que vous? Imaginez qu'une des outres du dieu Éole fût venue à éclater — celle-là justement qu'il portait par derrière dans la gibecière naturelle sur laquelle nous avons coutume de nous asseoir. Y êtes-vous?... pas encore! Ah! maudite éducation! La clameur d'un vent qui salue la liberté; la plainte d'un autan qu'aveugle le jour! J'épuiserai les plus nobles images : le brin de foudre que porte en soi « tout homme venant en ce monde », comme dit l'Ecriture. Enfin cela fit : Prout! et les vitres tremblèrent un peu.

Un immense éclat de rire emplit le prétoire, et les dames, les musquées! portèrent toutes à leur joli museau leur mouchoir de dentelle fine en poussant des petits cris de poule en mal de poussins. Mais j'atteste qu'on ne trouva aucun œuf dans leur lingerie. Par contre, plusieurs d'entre elles, m'a-t-on assuré, se livrèrent à des expériences d'arrosage économique qui firent tomber immédiatement la poussière.

— Le gaillard s'était réservé pour le mot de la fin! dit le sous-préfet Vantard de Lanusse à la jolie marquise Lefumet de Montpétard.

M. le président était blanc comme un linge et ses deux collègues rouges comme des tomates. Car la colère ne nous teint pas tous des mêmes couleurs. Ce qui était visible, c'est que tous trois étaient furieux jusqu'à l'apoplexie. Le ministère public fut requis, d'une voix formidable, de donner des conclusions immédiates.

M. le substitut, sans hésiter, requit une nouvelle condamnation immédiate à cinq ans de prison, ne se confondant pas avec la première peine, pour insulte publique faite à la cour. Une seconde après les cinq ans étaient octroyés, avec un supplément de frais et de dépens.

Alors Onésime Pécoulant, qui semblait n'avoir que tardivement compris, se leva, et d'un ton solennellement doux :

— Je demande une enquête, dit-il.

Ce fut, pour le coup, dans le prétoire, un tonnerre d'hilarité. M. le président agita sa sonnette dans le tumulte.

— Malheureux, dit-il au condamné, quand le bruit se fut un peu calmé, voulez-vous donc aggraver encore votre situation par le délit de diffamation ? A qui prétendez-vous faire accroire qu'un des deux braves militaires, modèle d'honneur et de convenances sociales, qui seuls pourraient être soupçonnés à votre place, se soit rendu coupable d'un pareil outrage à la justice ? Tout vous accuse, Pécoulant. Croyez-moi, mon ami, faites vos cinq ans sans répliquer et ne nous forcez pas à vous imposer encore des dommages-intérêts envers la gendarmerie.

Pécoulant, se voyant bien perdu, se contenta de répondre à cette admonestation presque paternelle :

— Messieurs, vous venez de condamner un innocent.

— Connu, ça, mon vieux ! conclut le brigadier Mouillard en lui mettant sa lourde main gantée de blanc sur l'épaule.

Et Philidor ?

Celui qui eût regardé Philidor, à ce moment-là, eût eu peur.

IV

Quand le beau gendarme rentra à la caserne, l'audience finie, sa femme faillit reculer en lui voyant la mine aussi défaite.

— Qu'as-tu, mon chéri ? lui demanda-t-elle avec angoisse.

— Rien ! la chaleur ! fit-il en repoussant les embrassements de son épouse étonnée.

— Tu as peut-être faim, mon trésor !... Il reste encore de ce bon cassoulet...

A ce mot de « cassoulet », Philidor bondit et, ses yeux sortant de sa tête :

— Jamais ! jamais ! jamais ! hurla-t-il sur un ton désespéré.

Et il s'assit, sans vouloir rien prendre, tandis que sa femme s'en allait en pleurant.

Il passa une nuit véritablement horrible. Vous l'avez deviné peut-être. L'auteur du bruit inconvenant qui avait valu cinq ans de prison à un innocent, c'était lui .. Ce sacré cassoulet dont il s'était bourré outre mesure... le demi-sommeil où il était tombé... un maudit rêve dans lequel il s'était cru réintégré dans son ancien régiment d'artillerie... Il ne savait pas comment ça s'était fait... Mais enfin, c'était lui ! Prout ! Il avait parfaitement reconnu sa propre voix en se réveillant.

Que faire? Dilemme épouvantable vraiment : ou laisser un malheureux subir un châtiment immérité, ou briser sa carrière par un aveu. Souffrir qu'un autre expiât si rudement son propre crime!... Non! non! c'était impossible! Il ne le souffrirait pas!.. Et toute son honnêteté passée le prenait à la gorge comme pour le traîner devant ses juges... Mais renoncer aux bénéfices d'une carrière déjà glorieuse justement? Descendre de l'estime de ses supérieurs comme on tombe du Capitole aux roches Tarpéiennes? Perdre ses galons peut-être! Etait-il donc seul? En avait-il donc le droit? Et sa compagne légitime? Et ce vénérable Capoulat qui lui avait confié l'honneur de sa fille? Et cet enfant, mille fois plus innocent que tous les Pécoulant du monde, qui pendait encore, comme un fruit vert, aux flancs de l'irréprochable épouse? Non! non! Sa conscience lui défendait de sacrifier d'autres que lui à son iniquité personnelle. Se reconnaître l'auteur du délit, c'était semer autour de lui la honte et la ruine. Mieux valait cent fois que Pécoulant fît son temps! Est-ce que Pécoulant, d'ailleurs, n'aurait pas fait peut-être pis s'il eût mangé du cassoulet? C'est l'occasion qui fait le larron. L'homme n'est qu'un jouet irresponsable aux mains d'une aveugle fatalité. Et ragaillardi par ces infâmes sophismes, Philidor vit venir l'aube impatiemment attendue, parfaitement corroboré dans l'intention de laisser les choses suivre leur injuste cours.

V

Mais il avait compté sans le remords. Car, si vous croyez que je vous ai exposée, marquise, aux inconvenances de ce récit pour autre chose que pour tirer une morale pure et fortifiante, vous méconnaissez absolument le but élevé et noblement philanthropique que je poursuis dans ces récits. Philidor, ne pouvant plus supporter la vue seule d'un farineux, maigrit épouvantablement et perdit sa solide apparence. Son caractère changea en même temps que son tempérament. Tout l'irritait et le rendait insupportable. Un jour il quitta le café en tapant comme un forcené sur la table, parce que son voisin qui lisait à haute voix la gazette avait commencé un entrefilet dont la première ligne était : *Les bruits de paix s'accentuent...*, etc. Il avait contracté des manies inconcevables. Il ne pouvait passer près d'un champ de haricots sans en faucher furieusement les têtes de sa canne, comme faisait autrefois des pavots le célèbre Tarquin, de tyrannique mémoire. Le 14 juillet vint sur les ailes crasseuses déjà du calendrier. La salve d'artillerie qui salua, dès le matin, l'anniversaire de la République à qui nous devons tant de prospérité, l'exaspéra au point de prononcer un tas de jurons contre le gouvernement de son pays. Il gifla un malheureux coiffeur qui, bien innocemment, disait à son commis, au moment où lui-même entrait dans la boutique :

« Jasmin, passe-moi mon fer à toupet. » Le craquement d'une allumette le faisait bondir et grincer des dents. Son odorat était devenu aussi susceptible que son oreille. Il interrogeait sans cesse le vent de son long nez amaigri et fourrait quelquefois ses moustaches tout entières, ses longues moustaches de troupier, dans ses narines comme pour les boucher violemment. Il se grisa pour oublier et battit un jour ignoblement un malheureux bourgeois qui, en le conduisant jusqu'au pont, lui recommanda de suivre le parapet.

Et pendant ce temps-là, le pauvre Onésime Pécoulant faisait des chaussons de lisière.

Mais, au bout de trois ans, la clémence du chef de l'Etat le rendit à ses occupations et à sa famille. Devinez alors ce qui se passa?... Philidor s'était rendu tellement insupportable à sa femme que celle-ci prit un grand plaisir à le tromper en toute occasion. Pécoulant, rendu à la liberté, fut un des heureux. Ainsi rentra-t-il dans le déboursé d'agréments qu'il devait au gendarme. Celui ci mourut abruti et personne ne voulut dire un mot sur sa tombe, bien qu'il y eût dans le pays des membres de la Société des gens de lettres. Pécoulant épousa la veuve et eut toute la fortune de l'huissier Capoulat, laquelle était rondelette, le fesse-mathieu ayant énormément prévariqué de son vivant.

Ainsi en advienne, marquise, à tous les gens de bien.

LE VŒU

I

Ce n'était assurément pas un homme ordinaire, le cousin Matifas. — Pourquoi cousin? — Parce qu'il avait une telle parenté à Avignon qu'il n'était personne dans la ville qui ne fût un peu, à un degré plus ou moins éloigné, son allié par le sang. Ce phénomène était dû à l'humeur singulièrement prolifique d'un de ses aïeux, Mathieu-Barnabé Matifas, lequel avait empoisonné de sa graine tout le pays. Car cet ancêtre était certainement de la nature des lapins, voire des cochons d'Inde, bêtes qui pullulent avec délices et font du devoir sexuel l'unique travail de leur courte vie; en quoi je ne les trouve pas si bêtes que ça. Car on peut descendre sans regrets dans la tombe, celle-ci se présentât-elle sous forme de gibelotte, quand on a si bien occupé son temps et fait acte si constamment de bonne volonté. Mais en voilà assez sur cet ascendant généreux de postérité.

Je reviens au cousin Matifas, notre contemporain, — car j'ai des amis qui l'ont beaucoup connu et qui m'ont raconté sur lui mille histoires amusantes dont je ne crois pas un traître mot, comme il convient avec les narrateurs de Provence. — Ce vieillard de haute taille avait eu, c'était notoire, une jeunesse terriblement turbulente, et ses fredaines passées défrayaient encore quelquefois la longueur des veillées hivernales. Il avait mis à mal tant de filles sages, qu'on avait dû l'embarquer pour le soustraire à la fureur des parents d'icelles et qu'il avait navigué dix ans, les autres prétendent vingt, mais ce m'est tout un; car, pourvu qu'on ne se noye, il importe peu qu'on fréquente la mer plus ou moins longtemps. Il avait rapporté de son voyage une fortune considérable, mal acquise, prétendaient les envieux, gagnée d'une façon louche, avouaient les plus bienveillants. Car jamais on n'avait pu obtenir de lui un mot d'éclaircissement sur la source de ces richesses. Il n'en faisait pas ostentation d'ailleurs, vivant simplement et s'occupant en conscience de l'éducation d'une nièce dont il était le tuteur, et qui était bien la plus belle fille d'un pays où cependant les belles filles ne manquent pas. Car c'est miracle le nombre de créatures avenantes et de race qu'on y rencontre à chaque pas, cette terre étant de celles où le sang latin continue de pousser les plus magnifiques fleurs, empourprant légèrement de transparences exquises la pâleur des chairs, et secouant dans l'air, comme de vivantes saulayes, l'ondoiement des noires chevelures.

II

Donc, quand Vivette et son oncle faisaient, à pied, leur promenade dominicale autour de ces merveilleux remparts qu'on dirait bâtis d'hier et prêts à la défense, pourvu qu'on en garnît d'archers les créneaux, les gars les suivaient volontiers, épiant un regard de la dédaigneuse fille. Et, dans le magnifique jardin suspendu au pied du palais des Papes, transformé en caserne par une administration jalouse d'en hâter la dégradation — car c'est notre façon en France de conserver les monuments historiques, — dans le jardin plein d'iris penchés sur le Rhône comme sur un abîme dont un pont brisé permet de mesurer l'horreur, ils ne manquaient pas, lesdits gars, de faire un cercle respectueux autour du tuteur et de sa pupille, quand ceux-ci venaient à s'asseoir sur quelque banc rustique, lassés d'avoir marché longtemps à l'aventure en causant sous le ciel d'un bleu tendre et profond. Vivette justifiait absolument cette admiration. Elle n'était ni petite ni grande; son teint était d'une blancheur mate avec de beaux reflets ambrés; ses yeux, sombres par le ton et clairs par la limpidité, avaient des transparences d'améthyste ; le nez était d'un dessin superbe ; un frisson de duvet courait au-dessus de la lèvre dédaigneuse, et un grain de beauté en ornait le coin gauche, un peu au-dessous de la bouche, ombrageant d'un fil la fossette du menton. Ses dents étaient d'une blancheur laiteuse, fleurdelysées comme celles des jeunes chiens, des dents que prodiguait son sourire. On n'avait jamais vu de si petites mains et d'un ivoire plus délicatement azuré par les veines. Et ses cheveux donc! Des cheveux presque bleus à force d'être noirs, se retroussant en casque au-dessus de la nuque, se séparant ensuite en deux flots profonds... Pas encore dodue mais emplissant bien son corsage et cambrant une taille pleine de promesses... Au demeurant, une personne d'un charme infini et d'une très réelle beauté.

Vous me faites grâce, n'est-ce pas, de la description de son compagnon, le cousin Matifas? Le portrait d'un vieux célibataire ayant navigué, basané, barbu, jurant, sacrant, fumant des pipes, criant aux chiens qui lui compissaient (le mot est de mon patron Rabelais) fort aigrement les chausses, n'est point pour occuper les délicatesses d'un pinceau que j'ai voué, comme jadis Mignard, aux séduisantes images des belles et honnestes dames de mon temps.

Dire que la fortune de Vivette, à qui le cousin Matifas devait laisser tout son bien, n'entrait pour rien dans la sympathique attention dont elle était l'objet de la part de ses jeunes compatriotes, serait certainement une exagération. Les adolescents d'aujourd'hui sont, hélas! aussi cupides que les sexagénaires d'autrefois. Il était pourtant un de ces jouvenceaux qui l'aimait de toute son âme, pour elle-même, comme il convient d'aimer, à en perdre le sommeil et l'appétit, à rêver de mourir pour un sourire ou pour un regard. Car ces délicieuses folies ne sont pas seulement des inventions de poètes, et je plains les malheureux qui n'ont jamais passé par là. C'est ce qu'il y a de meilleur dans la vie.

Ce garçon s'appelait Bernard. Il était, comme tout le monde, un peu parent du cousin Matifas, et n'avait pas personnellement le sou.

III

Matifas affectait bruyamment de ne pas fréquenter les églises. Mais l'impiété des anciens matelots est toujours suspecte. La menace incessante de la mort rapproche de Dieu. Ceux-là lèvent volontiers les yeux vers le ciel qui ne peuvent abaisser leur regard sans mesurer une tombe grande ouverte. Ça ne les empêche pas de mener, dès qu'ils sont à terre, une vie de chenapans. La langue italienne a un proverbe charmant sur ces métamorphoses. Matifas avait essuyé bien des naufrages, mais, à l'encontre de ceux qui ont couru de grands dangers et aiment à se les rappeler, quand ils sont loin, rarement il parlait de ses maritimes aventures, et rien ne le mettait de plus méchante humeur que ce sujet de conversation. Ce goût pour le mystère était différemment interprété par ceux-ci et par ceux-là. Il en était qui allaient jusqu'à accuser le cousin d'avoir fait la traite des nègres et qui ne se gênaient pas pour le traiter de « vieux corsaire » quand il avait le dos tourné. Bernard ne manquait jamais de le défendre en pareil cas, non pas qu'il espérât que le vieux richard lui donnerait jamais Vivette, mais parce qu'il était de bonne nature et ne souffrait pas qu'on médît devant lui des absents. Une nature exquise ce Bernard, et un gaillard fort aimablement tourné, ma foi. Au fait, Vivette l'aimait-elle ? — Qui sondera le cœur des jeunes filles et dira où vont vraiment les pensées de la femme? Un peu où le vent les emporte, beaucoup où les entraîne la perversité charmante d'un caprice éternel. La femme est surtout sincère quand elle ment, puisque le mensonge est le fond de son être, le plus pur de son essence. Elle cesse d'être elle-même quand elle est sincère pour de bon, et rien n'est plus dangereux que ses rares accès de loyauté où nous nous laissons prendre et qui ne sont jamais que le prologue de quelque comédie nouvelle. Après tout, la pièce est charmante, et je me demande ce que nous deviendrions si nous n'étions plus trompés. C'est par charité que ces charmeresses nous font croire à bien des choses et nous allument des feux de Bengale dans les vessies transformées en lanternes. Georges Dandin lui-même ne connaît pas tout son bonheur et Sganarelle est un ingrat! Regards mouillés de feintes tendresses, baisers dont l'âme est absente, étreintes que ferment les nerfs seuls sur nos cous, sourires jetés au vide et que nous volons au passage, que serions-nous sans vous, insensibles instruments de bonheur, riens menteurs dont nous emplissons notre vie enchantée! Concluez de là ce que vous voudrez : que Vivette aimait éperdument Bernard ou qu'il lui était aussi indifférent, au fond, que ses petits souliers de communiante. C'est à votre choix. La vérité est qu'elle était, avec lui, en toute occasion, comme si elle l'adorait, et qu'il s'en croyait violemment aimé, ce qui est l'essentiel.

Lui en était fou tout simplement.

IV

Être l'époux de Vivette ! Partager la vie avec cette délicieuse créature ! Faire de ses propres volontés un tapis au caprice de ses pas ! La servir comme une reine ! L'adorer à genoux comme une madone ! Il faisait quelquefois ce rêve impossible et ne s'en réveillait que meurtri comme s'il était tombé du ciel. Oh ! comme il serait jaloux de son idole ! Comme il déroberait son trésor à tous les yeux ! Dans quel reliquaire de tendresses il enfermerait son bonheur ! Le moindre regard, le moindre sourire d'elle ! Il le voudrait pour lui seul, l'avare ! Il en demanderait compte à la terre et au firmament lui-même ! Il fermerait si bien les rideaux de leur couche que l'ange gardien lui-même en vain les effleurerait de son aile comme ces bourdons veloutés qui tournent, éperdus, autour du calice des fleurs sans s'y poser jamais !

Chimère que tout cela !... Le cousin Matifas ne donnerait jamais son opulente pupille à un pauvre diable comme lui. Il en avait refusé d'autrement huppés, et mieux pourvus d'argent, des prétendants à la main de Vivette. Parbleu ! tous les jeunes gens de la ville étaient ses rivaux et, de tous, c'est lui qui avait le moins de chances. Et le pauvre garçon se désespérait, sentant bien qu'il mourrait le jour où sa cousine en épouserait un autre.

. . . .

Le vieux marin est couché et fort près, ma foi, de rendre l'âme. Un froid qui l'a pris et qui l'emporte. Est-ce que ça vous fait quelque chose? Moi, ça m'est tout à fait égal. Il n'était pas si intéressant que ça, ce Matifas ! Cependant Vivette pleure bien fort à son chevet et Bernard aussi se lamente, ce godiche généreux de Bernard qui était venu tout de suite à la nouvelle de la maladie de son cousin. Et, voyant les instants comptés du tuteur de celle qu'il aime, Bernard s'enhardit et lui demande, suppliant, de l'unir à Vivette avant que de passer de vie à trépas. Il l'aime tant ! Il la rendra si heureuse ! Et Vivette aussi l'implore, l'ancien forban. Elle veut épouser Bernard tout de suite pour ne pas demeurer seule, dans ce monde... Elle pense qu'elle le trompera ensuite, si les destins l'ont ordonné ainsi. Candide Vivette !

Soudain le cousin Matifas, qui avait paru très absorbé durant ces supplications, rassemble ses forces pour parler :

— Écoute, petit, fit-il à Bernard, la chose n'est pas impossible, mais j'y mets une condition.

Bernard faillit s'évanouir de joie et protesta qu'il se soumettrait à tout avec délices.

— C'est un vœu que j'ai fait autrefois, dit le moribond, et que je n'ai pas accompli, ce qui me remplit l'âme de remords, avant de comparaître devant le juge éternel. La mer allait emporter le bâtiment. J'ai prié et j'ai promis. Je n'ai pas tenu. Il faut que quelqu'un tienne à ma place.

— Ce sera moi, s'écria Bernard. Mais donnez-moi la main de ma cousine

— Avant de savoir le vœu que j'ai fait ?

— Eh ! que m'importe ? Quel que soit le vœu, je l'accomplirai, pourvu que Vivette soit à moi.

— Je te la donne donc ! reprit le cousin Matifas d'une voix qui allait s'éteignant.

— Ah ! merci ! merci !... Vivette à moi, pour toujours ! à moi seul !

— Ça, non ! murmura le marin en passe de l'éternité.

— Comment ?...

— Sache maintenant l'engagement que tu as pris, ce que tu as juré à ma place, ce que tu devras réaliser sur le salut de ton âme et de la mienne... J'ai fait le vœu...

— Eh bien ?

— D'être cocu.

Et le cousin Matifas exhala son dernier soupir.

LE NID

I

On a beaucoup écrit touchant le mélancolique spectacle des nids abandonnés. Et, de fait, ces petites maisons aériennes, élevées au bruit des chansons, gardent, après le départ de leurs hôtes, je ne sais quels airs de solitude désespérée. Le vent les berce, plus légères qu'elles sont devenues aux branches qui les portent. Un vent plus fort les dispersera quand le rideau protecteur des feuillages ne les enveloppera plus de ses transparences vertes au soleil comme celles des eaux. Des poètes charmants ont dit la tristesse des nids, et le joli crayon de Giacomelli leur a consacré de délicieux bouts d'idylles. Chansons et dessins ont eu, dans une certaine classe, un succès exquis. Le bourgeois adore les petites variations sur la nature dans ce qu'elle a d'accessible à ses sentimentalités personnelles. Il leur doit de menues délices digestives, un microcosme d'émotion rafraîchissante après le commerce des dossiers et des draperies. C'est une façon d'art qui est tout à fait à sa portée. M. Peyrusse, de la maison Peyrusse, Catinet et Cie, n'avait garde de manquer à cette tradition. Il avait acheté sa petite propriété des Lambinettes, près Meaux, uniquement dans l'espoir que des oiseaux lui viendraient tenir compagnie au printemps, celle de son associé Catinet ne lui suffisant que comme raison sociale. Car ce Catinet était un être prodigieusement prosaïque, bouché à toutes les impressions délicates, un grand-livre fait homme, le chef qui convient à cette coiffure qu'on appelle : rond-de-cuir. C'était même le désespoir de sa femme, une bonne créature de trente-cinq ans chez qui se réveillaient d'inutiles aspirations vers les chauds soleils de la vie amoureuse. Catinet avouait, lui-même, qu'il n'existait plus après le bureau. Et comme, pour rien au monde, il n'aurait violé, même par la plus légitime des conversations conjugales, la majesté du temple où il rédigeait des bordereaux, son épouse avait quelque raison de trouver l'existence peu joyeuse avec ce compagnon. Anatole était bien là... Qui ça, Anatole? Mais le Fortunio qui ne manque jamais à ces genres de ménage, l'adolescent timide qui rêve aux pieds de la beauté rondelette, qui soupire à fendre du bois et qui se lamente de ne pas oser ce qui lui réussirait si bien. Outre ces dispositions au métier d'écuyer servant, Anatole possédait une écriture très appréciée de son parrain M. Peyrusse. Sa cursive emplissait deux pages avec la matière d'un seul sonnet. Elle convenait mieux, vous le voyez, à la rédaction d'un compte d'apothicaire qu'à celui d'un madrigal rimé.

II

— Tu me feras toujours rire avec ta campagne! disait sans cesse ce grossier Catinet au doux Peyrusse. De vrais arbres chez toi? Allons donc, des balais! Ta rivière? une cuvette! Des poissons là-dedans? Des échappés de friture! Tu les connais tous si bien par leurs noms que tu n'oserais les pêcher. Et des nids donc!...

— Des nids! J'ai un magnifique nid de pies dans un abricotier. C'est mon jardinier qui me l'a dit.

— Vingt louis que tu ne me le montres pas.

— Eh bien, viens passer la journée de dimanche aux Lambinettes.

— C'est cela! s'écria Mme Catinet, que grisait déjà cette fragile perspective de campagne avec une balançoire dans quelque bosquet, un banc et une table, où l'on déjeunerait sous les araignées de Damoclès. M. Anatole sera des nôtres!

Et la bonne grosse femme battait des mains en faisant mille petites grimaces de bébé.

Anatole éleva vers elle un profond regard de

reconnaissance. Il n'avait aucun plan bien précis dans la tête, mais lui aussi s'enivrait à l'idée de ce coin de verdure embelli par la présence de sa bien-aimée, et ses narines vibraient comme s'il respirait déjà les bonnes odeurs qui montent de la femme dans les déshabillés dominicaux par les chaleurs estivales, et qui se mêlent si délicieusement aux senteurs de l'herbe et des fleurs sauvages éparses dans les gazons.

— Soit! dit Catinet toujours d'une humeur douteuse. J'emporterai le brouillard pour y faire quelques pointages. Ça tuera toujours le temps.

— Vous savez, reprit Peyrusse, il ne va pas falloir s'amuser à tout saccager pour trouver ce nid. Nous le chercherons bien honnêtement entre le déjeuner et le dîner, sans casser les branches et surtout sans effaroucher les oiseaux qui sont peut-être encore dedans.

— Nous mettrons nos mitaines! conclut Catinet en haussant les épaules.

Et, durant ce temps, sa femme échangeait avec Anatole, radieux, des regards mouillés d'espérance. Mme Catinet, elle, savait parfaitement bien ce qu'elle aurait voulu. C'est une pudeur très bête qu'ont certaines femmes bien élevées, arrivées à cet âge, de ne pas entreprendre carrément l'éducation de la jeunesse. Les jouvenceaux y gagneraient quelques belles années de plus et elles-mêmes y trouveraient le compte de leurs désirs discrets. Ce qui se perd de bonheur dans le monde faute de s'expliquer loyalement sur ce qu'on attend les uns des autres suffirait à faire la félicité de l'autre vie, laquelle félicité est fort grande, s'il en faut croire les religions. Mais un tas de stupidités sociales et d'ineptes conventions font vivre dans un éternel malentendu les gens de la meilleure volonté. Au fond, la boîte de Pandore n'est que le coffret où sont contenues ces bégueuleries.

III

Bon déjeuner sur l'herbe. Le melon traditionnel... Avouez que vous vous méfiez toujours quand vous m'entendez parler de melon? Rassurez-vous, pour cette fois, au moins. Moi aussi j'ai résolu de subir les pudibonderies contemporaines et de devenir un garçon d'excellente tenue dans le monde. Foin des histoires qui m'ont aliéné l'estime des gens sérieux! Ce melon ne jouera aucun rôle fâcheux dans cette aventure. J'ai dit : melon, comme j'aurais dit toute autre pièce d'artillerie intestinale. Puis la langouste de rigueur. Mauvaise renommée aussi la langouste, ou trop bonne, comme vous l'entendrez. Les pédants la traitent d'aphrodisiaque. Avec ça qu'Anatole et Mme Catinet avaient que faire de piments! Non! J'ai dit langouste comme j'aurais cité tout autre excitant. Il est convenu que les mets de digestion facile conviennent merveilleusement aux parties de campagne fécondes en solitudes amies, en apartés ombreux. Catinet mangea comme quatre en se moquant toujours de tout le monde. Peyrusse avait sommé son jardinier de lui indiquer l'abricotier où était le nid. L'homme des champs, qui n'avait voulu que flatter la manie innocente de son patron par un mensonge, avait balbutié déplorablement :

— C'est bon, Crétinois, nous le chercherons nous-mêmes, avait dit sèchement M. Peyrusse.

Mais il est certain qu'il était inquiet.

Anatole et Mme Catinet se moquaient du nid comme les gens les plus impertinents à son endroit ne se sont jamais moqués de Colin-Tampon. L'idée d'aller flâner sous les arbres ne leur déplaisait cependant ni à l'un ni à l'autre. Gonflés de homard et de cantaloup, ils disparurent dans deux sens différents, sans s'être rien dit, mais bien résolus à se rejoindre avant un instant, et de fait ils n'avaient pas fait quinze pas chacun qu'ils se retrouvaient à un carrefour de verdure un peu sombre, mais piqué çà et là par des pointes d'or, le soleil glissant d'imperceptibles flèches sous les profondeurs du feuillage.

Ils s'assirent alors sur un banc. Mme Catinet attendit. Mais Anatole, visiblement ému, fut incapable d'aucune des insolences qu'elle espérait. Ce fut un silence que suivit de loin en loin un baiser timide, un baiser sur la main ou un petit craquement du sable sous le genou mis lentement en terre. Cela aurait pu durer ainsi pendant la consommation des siècles, et, s'impatientant, Mme Catinet se leva. Pour encourager Anatole, elle se mit à faire l'enfant avec lui ; à dire, en parlant d'elle : la petite Nini ! à parler nègre ou bien de la petite voix flûtée dont les gamins demandent leur cerceau.

— Petite Nini bien fatiguée ! fit-elle, tout à coup.

— Voulez-vous me permettre de vous porter un seul instant? soupira Anatole, fou de plaisir à l'idée de sentir dans ses bras les rondeurs savoureuses que dissimulait mal le costume assez collant de la dame.

Car vous savez que rien n'est plus... comment dirai-je?... Mon Dieu, je ne dirai rien, de peur d'augmenter la mésestime des gens sérieux,... plus... rien! rien! vous dis-je, que cette privauté renouvelée de la divine légende de Daphnis et Chloé traversant les ruisseaux sur deux jambes seulement... celles de Daphnis.

La grosse dame le savait.

Elle ouvrit ses bras dodus pour en passer un sur le cou du jeune homme, laissa une des mains de celui-ci assurer assez indiscrètement sa prise et s'abandonna. Les reins d'Anatole fléchirent bien un peu sous un poids que dépassaient ses espérances propres. Mais il se raidit et, fier de son fardeau, commença à marcher très vite sous les allées, pour bien faire voir qu'il croyait simplement avoir une plume de plus à son naturel plumage.

Tout à coup, en passant dans un fourré, il sentit une légère résistance par le haut et entendit pousser un petit cri au-dessus de sa tête.

IV

Il faut que je vous révèle ici un terrible secret. Cette toute benoîte Mme Catinet portait perruque comme beaucoup de femmes de bien. Or, c'était cette crinière artificielle qui venait de se prendre à une branche et d'y demeurer accrochée pendant la course d'Anatole. Alors l'aventure d'Absalon? Mon Dieu, oui, d'un Absalon qui aurait eu un toupet, ce qui n'eût été que prudent. La malheureuse femme, en se sentant ainsi scalpée, n'avait pu retenir un gémissement. Ah ! si telle autre que je sais bien se fût sentie prise ainsi par sa magnifique chevelure noire, l'univers entier eût retenti de ses sanglots et des miens !... Que faire pourtant? Arrêter Anatole et lui dire la vérité. Mais quel écroulement de son prestige ! L'infortunée, dans un réel état d'affolement, n'osait demander à sa monture de la ramener en arrière. Au contraire, elle le talonnait nerveusement, sans le vouloir, et Anatole, qui trouvait le jeu exquis, s'emballait comme une bête de course, laissant bien loin le maudit abricotier où pendait cet étrange fruit. Tels ils allaient, comme dans la terrible chevauchée de Lénore...

Soudain, autre cri derrière eux ; mais un cri de joie, celui-là !

— Le nid ! le nid ! je tiens le nid de pies ! clamait M. Peyrusse en brandissant un échevellement étrange, détaché de l'arbre où Mme Catinet avait laissé sa menteuse toison.

Et comme Catinet accourait d'un air incrédule :

— Tiens ! tâte, fit Peyrusse. Il est encore tiède, tant il est vrai que les petits étaient encore dedans. Ah ! les petits coquins ! ils ne se gênaient pas.

Et Peyrusse montrait des marques blanches au fond du prétendu nid. Mon Dieu ! tout simplement l'adresse du coiffeur qui avait vendu l'objet, adresse que l'usure avait rendue illisible. Mais il avait suffi à Catinet d'un coup d'œil pour reconnaître les cheveux de sa femme.

— Donne-moi ça ! Tu auras tes vingt louis demain ! fit-il à Peyrusse en mettant rapidement dans sa poche le corps du délit.

Et Anatole courait toujours.

Enfin, las à lui tout seul comme Cléobis et Biton de mythologique mémoire, il heurta une branche et s'abattit à terre, pendant que sa cavalière, se dégageant brusquement, s'enfuyait en tenant ses deux mains sur sa tête.

Mme Catinet, par un caprice étrange, dîna coiffée d'un bonnet. Son mari lui adressa une foule de mauvais regards, pendant toute la durée d'un second melon suivi d'une seconde langouste.

— Eh ! mon Dieu, il n'y avait pas de quoi ! Demandez plutôt à Anatole.

Peyrusse, seul, est ravi. Il ne rencontre plus personne sans dire aussitôt :

— J'avais dans ma propriété un magnifique nid de pies. Demandez plutôt à Catinet.

BONNE FORTUNE

I

— De ton état de chroniqueur, me dit Trébutien, il n'est qu'une chose que je t'envie.

Or, sachez que Trébutien fut mon camarade de promotion à l'École polytechnique, le hasard et le goût des mathématiques (c'est comme ça) m'ayant implanté, aux beaux jours de ma jeunesse, dans cette pépinière d'hommes sérieux. Et si je vous disais que j'ai passé les deux plus belles années de ma vie dans le seul milieu que j'aie connu où les luttes fussent loyales, les amitiés vraies, les aspirations hautes, les théories sincères! Je me suis rattrapé depuis, dans un autre monde, de l'estime que j'aurais pu concevoir du genre humain par cette première expérience. J'ai gardé à l'Ecole un souvenir pieux et qui souvent encore, par les soirs d'été, revient errer sous les arbres poudreux de l'immense cour, parmi les bonnes causeries des absents, dans l'air tiède et comme frissonnant encore du vol des espérances brisées.

Je ne me dissimule pas que mes anciens condisciples me jugent très différemment. Arbre dont la fantaisie a poussé ses branches par delà les murs sacrés du fonctionnariat, je suis pour quelques-uns une façon de déclassé. Tout le monde ne peut pas cependant devenir ministre. A côté du légitime orgueil de figurer dans les premières pages des Bottins et des Almanachs nationaux, il y a bien aussi la petite fierté de n'avoir jamais fait que ce qui a plu, laquelle vaut quelque chose. Je ne me repens pas d'avoir fait toujours acte d'homme libre, suivi mes goûts et tenu pour peu l'opinion publique quand elle n'avait pas pour complice ma conscience. Je ne suis pas convaincu qu'en écrivant des vers d'amour et tenté de faire revivre la verve gauloise des vieux conteurs, j'aie moins servi mon pays qu'en traçant des routes, en présidant à la confection du tabac à priser, ou en exerçant quelque autre sacerdoce civil. J'ai, pour me justifier vis-à-vis de moi-même, s'il en était besoin, les amitiés vraies qui me sont restées de la vie commune avec tant d'hommes importants aujourd'hui... Les autres... eh bien ! s'ils connaissaient le fond de ma pensée à leur endroit, ils jugeraient probablement que nous sommes quittes.

Trébutien est de ceux que j'ai le plus étonnés, mais dont la curiosité a toujours été la plus bienveillante du monde.

II

— Et que m'envies-tu, bon Trébutien ?

— Tu dois recevoir beaucoup de lettres de femmes ?

— Moins que Catulle Mendès, certainement. Mais, en effet, une douzaine par mois, au moins.

— Des lettres qui sentent bon ?

— Eh ! eh ! souvent parfumées, j'en conviens.

— Et contenant des rendez-vous ?

— Oh ! pas toutes ! Il y en a qui contiennent des demandes d'argent. On m'a souvent proposé le rôle du bienfaiteur mystérieux qui paie le terme d'une inconnue.

— Mais, enfin, le grand nombre ?

— Est composé de bavardages insignifiants. A propos des choses que j'ai écrites sur l'amour, c'est tout au plus si j'ai reçu cinq ou six épîtres contenant une idée. Une ou deux correspondantes seulement se sont révélées à moi avec une façon de sentir originale, intéressante et vraiment féminine. J'ai répondu à celles-là, quelquefois même dans le journal.

— Mais celles qui t'expriment le désir de te connaître ?

— Oh ! celles-là, c'est différent.

— Heureux coquin ! que d'aventures sur la planche !

— Voilà où tu te trompes, Trébutien.

— Comment ! Ce sont donc des mystifications ?

— Je n'en sais absolument rien.

— Comment ça ?

— Par l'excellente raison que je ne me rends jamais là où l'on veut bien m'attendre peut-être, à moins, comme tu le supposes aimablement, qu'on se soit moqué de moi.

Trébutien en laissa tomber son cigare.

III

— Alors jamais, jamais, tu n'as profité d'une de ces occasions qui me semblent, en somme, un des revenants bons sérieux de ton métier ?

— Si, Trébutien, une fois — au début ; — c'est ce qui m'a guéri pour toujours de ce que tu veux bien appeler ces aventures.

— Une vieille, n'est-ce pas ? Edentée comme une scie, avec de faux cheveux et une croupe postiche ? Tu as dû faire une bonne tête !

— Ne préjuge donc pas. Une femme absolument ravissante, mon ami, plus près de vingt ans que de trente, avec une bouche adorablement meublée, une magnifique chevelure, et... je n'ai pas connu le reste, ce que le *Cantique des Cantiques*, dont le poète Jean Lahor vient de donner une fort belle traduction en vers français, appelle pudiquement : *Et quod intrinsecus latet ;* une fille tout à fait désirable, mon garçon. Et quand je dis une fille, rien d'une fille, au contraire : un air absolument honnête et des façons de petite bourgeoise tout à fait exquises. J'oubliais de jolis pieds et une main divinement paresseuse.

— Et elle était de bonne volonté ?

— De la meilleure volonté du monde. Juges-en. Très simple, et d'une écriture sans prétention, sa lettre me priait de l'attendre devant Saint-Augustin. Elle serait dans une voiture dont un store serait à moitié baissé, et elle aurait à la main un bouquet de lilas blanc. Bien que je fusse rigoureusement exact, la voiture attendait déjà, en effet, quand j'arrivai à l'endroit indiqué. Sur un signe, j'y montai prestement auprès de l'inconnue, et nous commençâmes une promenade vague dans le sein du parc Monceau. Elle ne comprenait pas elle-même comment elle avait eu tant d'audace, — je devais mal la juger. Oh ! pure sympathie littéraire ! — Elle n'était pas ce que je croyais... Moi je la laissais dire, en me livrant délicatement à une série d'expertises toutes faites pour m'enchanter.

— Tu vois bien, animal !

Et les yeux de Trébutien flambaient comme de petites braises.

— Il y a cinq ans de cela, mon ami, et *Gil Blas* était dans l'éclat foudroyant de ses débuts. Je voulus être audacieux... oh ! pour l'honneur du journal surtout. Littérature oblige ! — Pas aujourd'hui, monsieur, me dit-elle d'un petit air fâché. — Et comme je prenais un air désappointé de circonstance, elle me sourit le plus ingénument du monde et me dit : — Demain ! — Où? murmurai-je ravi... Elle réfléchit un instant. — Chez moi, c'est impossible, dit-elle, mais venez chez Mme D..., c'est ma meilleure amie, et elle ne me refusera pas le service de vous recevoir chez elle .. Elle-même m'écrivit l'adresse du bout de ses doigts gantés, et je la quittai l'âme pleine de rêves !

IV

Je venais de sonner au palier indiqué.

— Madame D..., demandai-je.

Une porte s'ouvrit intérieurement et mon amie de la veille apparut :

— Venez ! venez ! mon ami, me dit-elle ; avec quelle angoisse je vous attendais !

J'étais positivement ravi de tant d'ardeur.

— Vous arrivez à temps, continua-t-elle...

— Il n'aurait plus manqué que ça, pensai-je.

— Vite ! vite ! courez chercher un médecin, une sage-femme, tout ce que vous trouverez.

Et, avec une volubilité endiablée, elle me conta que son amie venait d'être prise des douleurs de l'enfantement, qu'elle-même s'était trouvée dans un embarras abominable, ne voulant pas la laisser seule avec le domestique, que c'était la Providence qui m'envoyait... Son amie ! une sainte !

Elle allait accoucher à sept mois... mais les enfants vivent mieux qu'à huit... Son mari, un monstre qui l'avait plantée là, la laissant enceinte. Mais nous étions là pour réparer tout le mal qui avait été fait à cette pauvre créature... J'avais l'air si bon ! Nous ferions de cet enfant un plus honnête homme que son père ! Il n'abandonnerait pas les femmes, lui, après les avoir engrossées... et...

J'étais abasourdi.

— Vite ! vite ! le médecin, répétait-elle. Et jurez-moi de revenir !

Je descendis l'escalier quatre à quatre, poursuivi par l'écho de ce caquetage inattendu, fuyant cet écroulement de mes amoureuses pensées. Je me ruai dans la rue et y marchai d'abord au hasard. Puis le sentiment du devoir, de l'humanité me revint. Je m'enquis, je cherchai et je découvris enfin l'adresse d'un accoucheur qui promit de venir dans un instant.

— Ouf ! pensais-je, ma tâche est terminée.

Je m'aperçus alors que j'avais oublié mon pardessus chez Mme D..., mon pardessus que la bonne m'avait enlevé et qui contenait un manuscrit précieux. Impossible de le perdre. Il fallait rentrer dans la maison maudite. Mon amie inconnue me gronda parce que j'avais été trop longtemps.

— Nous allons lui mettre un cataplasme en attendant, dit-elle, un large cataplasme. Ça la soulagera toujours un peu. Pauvre chérie ! Faut-il que les hommes soient des canailles tout de même !

Et elle ajouta, en me regardant, pendant qu'abruti, j'étendais sur la toile une montage de farine de lin :

— Tenez, vous autres, vous ne valez pas quatre sous !

Cependant le médecin n'arrivait pas. La malade se tordait dans d'horribles souffrances. Au cataplasme avait succédé un lavement ; au lavement, des frictions ; aux frictions, d'autres soins plus délicats encore. J'étais en eau, je n'en pouvais plus ; et mon amie, toujours fiévreuse et tournant autour de moi, répétait :

— Canailles d'hommes !... Canailles d'hommes

Un cri, un cri horrible ! Un cri qui n'en finissait pas.

— Mais allez donc recevoir l'enfant, me cria mon amoureuse ! Mais vous n'êtes donc bon à rien !

J'obéissais machinalement ! Je ne savais plus où j'étais ! Il me semblait que je recevais une douche tiède... Un bruit vague... un miaulement tout petit, comme celui d'un chat qui se réveille, mais un miaulement sans cesse répété...

— Mais passez-moi donc du linge ! Mais pourquoi êtes-vous là ? continuait ma bien-aimée en me bousculant terriblement... Je crois-même qu'elle me traita d'empoté.

Le médecin entra. Il était tranquille comme feu Baptiste et assez satisfait... Ça se paie bien les accouchements dans les bons quartiers.

Mis au courant de la situation :

— Mes compliments, monsieur, me dit-il, je n'aurais pas mieux fait.

Et, regardant l'horrible petit paquet de chair rose qui miaulait toujours :

— Vous ne direz pas qu'il ne vous ressemble pas, celui-là ? continua-t il en m'adressant son plus aimable sourire.

— C'est notre enfant, à nous deux ! ajouta fièrement ma bonne amie.

— Déjà ! pensai-je tristement.

. . . .

Inutile de te dire, mon cher Trébutien, qu'on ne me revit jamais dans cette embuscade. Je suis comme les chevaux qu'on ne fait pas aisément repasser là où ils ont été fouaillés. Donc je ne vais plus aux rendez-vous qui me sont donnés par des lettres... même parfumées .. Si tu veux y aller à ma place...

— Grand merci ! fit Trébutien.

FIN

TABLE

LES CAS DIFFICILES

NOUVELLES JOYEUSETÉS

ÉMILE COLIN. — Imprimerie de Lagny.

AUTEURS CÉLÈBRES

à 60 centimes le volume

En jolie reliure spéciale à la collection 1 fr. le volume.

Envoi franco contre mandat ou timbres-poste.

CHAQUE OUVRAGE EST COMPLET EN UN VOLUME

VICTOR HUGO. *Légende du beau Pécopin et de la belle Bauldour.*

1. CAMILLE FLAMMARION. . *Lumen.*
2. ALPHONSE DAUDET. . . . *La Belle-Nivernaise.*
3. ÉMILE ZOLA. . . . . . . *Thérèse Raquin.*
4. HECTOR MALOT. . . . . . *Une Bonne Affaire.*
5. ANDRÉ THEURIET. . . . *Le Mariage de Gérard.*
6. L'ABBÉ PRÉVOST. . . . . *Manon Lescaut.*
7. EUGÈNE CHAVETTE. . . . *La Belle Alliette.*
8. G. DUVAL. . . . . *Le Tonnelier.*
9. MARIE ROBERT-HALT. . . *Hist. d'un Petit Homme* (ouvr. cour.)
10. B. DE SAINT-PIERRE. . . *Paul et Virginie.*
11. CATULLE MENDÈS. . . . *Le Roman Rouge.*
12. ALEXIS BOUVIER. . . . . *Colette.*
13. LOUIS JACOLLIOT. . . . . *Voyage aux Pays Mystérieux.*
14. ADOLPHE BELOT. . . . . *Deux Femmes.*
15. JULES SANDEAU. . . . . *Madeleine.*
16. LONGUS. . . . . *Daphnis et Chloé.*
17. THÉOPHILE GAUTIER. . . *Jettatura.*
18. JULES CLARETIE. . . . . *La Mansarde.*
19. LOUIS NOIR. . . . . . . *L'Auberge Maudite.*
20. LÉOPOLD STAPLEAUX. . *Le Château de la Rage.*
21. HECTOR MALOT. . . . . . *Séduction.*
22. MAURICE TALMEYR. . . . *Le Grisou.*
23. GŒTHE. . . . . *Werther.*
24. ED. DRUMONT. . . . . . *Le Dernier des Trémolin.*
25. VAST-RICOUARD. . . . . . *La Sirène.*
26. G. COURTELINE. . . . . . *Le 51e Chasseurs.*
27. ESCOFFIER. . . . . *Troppmann.*
28. GOLDSMITH. . . . . *Le Vicaire de Wakefield.*
29. A. DELVAU. . . . . *Les Amours buissonnières.*
30. E. CHAVETTE. . . . . . . *Lilie, Tutue, Bebeth.*
31. ADOLPHE BELOT. . . . . *Hélène et Mathilde.*
32. HECTOR MALOT. . . . . *Les Millions honteux.*
33. XAVIER DE MAISTRE. . . *Voyage autour de ma Chambre.*
34. ALEXIS BOUVIER. . . . . *Le Mariage d'un Forçat.*
35. TONY RÉVILLON. . . . . *Le Faubourg Saint-Antoine.*
36. PAUL ARÈNE. . . . . . . *Le Canot des six Capitaines.*
37. CH. CANIVET. . . . . . . *La Ferme des Gohel.*
38. CH. LEROY. . . . . *Les Tribulations d'un Futur.*
39. SWIFT. . . . . *Voyages de Gulliver.*
40. RENÉ MAIZEROY. . . . . *Souvenirs d'un Officier.*
41. ARSÈNE HOUSSAYE. . . . *Lucia.*
42. *La Chanson de Roland.*
43. PAUL BONNETAIN. . . . *Au Large.*
44. CATULLE MENDÈS. . . . *Pour lire au Bain.*
45. ÉMILE ZOLA. . . . . . . *Jacques Damour.*
46. JEAN RICHEPIN. . . . . . *Quatre petits Romans.*
47. ARMAND SILVESTRE. . . *Histoires Joyeuses.*
48. PAUL DHORMOYS. . . . . *Sous les Tropiques.*
49. VILLIERS DE L'ISLE-ADAM *Le Secret de l'Échafaud.*
50. ERNEST DAUDET. . . . . *Jourdan Coupe-Tête.*
51. CAMILLE FLAMMARION. . *Rêves étoilés.*
52. MADAME J. MICHELET. . *Mémoires d'une Enfant.*
53. THÉOPHILE GAUTIER. . . *Avatar.* — Fortunio.
54. CHATEAUBRIAND. . . . *Atala.* René, Dernier Abencérage.

55. IVAN TOURGUENEFF. . . *Récits d'un Chasseur.*
56. L. JACOLLIOT. . . . . . *Le Crime du Moulin d'Usor.*
57. P. BONNETAIN. . . . . . *Marsouins et Mathurins.*
58. A. DELVAU. . . . . *Mémoires d'une Honnête Fille.*
59. RENÉ MAIZEROY. . . . . *Yavaknoff*
60. GUÉRIN-GINISTY. . . . . *La Fange.*
61. ARSÈNE HOUSSAYE. . . . *Madame Trois-Etoiles.*
62. CHARLES AUBERT. . . . *La Belle Luciole.*
63. MIE D'AGHONNE. . . . . *L'Ecluse des Cadavres.*
64. GUY DE MAUPASSANT. . . *L'Héritage.*
65. CATULLE MENDÈS. . . . *Monstres parisiens* (nouv. série).
66. CH. DIGUET. . . . . *Moi et l'Autre* (ouv. couronné).
67. L. JACOLLIOT. . . . . . . *Vengeance de Forçats.*
68. HAMILTON. . . . . *Mémoires du Chev. de Grammont.*
69. MARTIAL MOULIN. . . . *Nella.*
70. CHARLES DESLYS. . . . . *L'Abîme.*
71. FRÉDERIC SOULIÉ. . . . *Le Lion Amoureux.*
72. HECTOR MALOT. . . . . . *Les Amours de Jacques.*
73. EDGAR POË. . . . . *Contes extraordinaires.*
74. EDOUARD BONNET. . . *La Revanche d'Orgon.*
75. THÉO-CRITT. . . . . . . *Le Sénateur Ignace.*
76. ROBERT-HALT. . . . . . *Brave Garçon.*
77. JEAN RICHEPIN. . . . . . *Les Morts bizarres.*
78. TONY RÉVILLON. . . . *Noémi.* La Bataille de la Bourse
79. TOLSTOI. . . . . *Le Roman du Mariage.*
80. FRANCISQUE SARCEY. . . *Le Siège de Paris.*
81. HECTOR MALOT. . . . . *Madame Obernin.*
82. JULES MARY. . . . . . . *Un coup de Revolver.*
83. GUSTAVE TOUDOUZE. . . *Les Cauchemars*
84. STERNE. . . . . *Voyage Sentimental.*
85. MARIE COLOMBIER. . . . *Nathalie.*
86. TANCRÈDE MARTEL. . . *La Main aux Dames.*
87. ALEXANDRE HEPP. . . *L'Amie de Madame Alice.*
88 CLAUDE VIGNON. . . . *Vertige.*
89. ÉMILE DESBEAUX. . . . . *La Petite Mendiante.*
90. CHARLES MÉROUVEL. . . *Caprice des Dames.*
91. MADAME ROBERT HALT. . *La Petite Lazare.*
92. ANDRÉ THEURIET. . . . *Lucile Désenclos.* — Une Ondine.
93. EDGAR MONTEIL. . . . . *Jean des Galères.*
94. CATULLE MENDÈS. . . . *Le Cruel Berceau.*
95. SILVIO PELLICO. . . . . *Mes Prisons.*
96. MAXIME RUDE. . . . . . *Une Victime de Couvent.*
97. MAUR. JOGAND (Marc Mario). *L'Enfant de la Folle.*
98 EDOUARD SIEBECKER. . . *Le Baiser d'Odile.*
99. VALLERY-RADOT. . . . . *Journal* d'un Volontaire d'un an (ouv. c.)
100. VOLTAIRE. . . . . *Zadig.* — Candide. — Micromégas
101. CAMILLE FLAMMARION. . *Voyages en Ballon.*
102. LONGUEVILLE . . . . . *Jeux de Cartes.*
103. ÉMILE ZOLA. . . . . . . *Nantas.*
104. MADAME LOUIS FIGUIER. *Le Gardian de la Camargue.*
105. ALEXIS BOUVIER. . . . . *Les Petites Ouvrières.*
106. GABRIEL GUILLEMOT . *Maman Chautard.*
107. JEHAN SOUDAN. . . . . . *Histoires américaines* (illustrées).
108. GASTON D'HAILLY. . . . *Fleur de pommier.*
109. IVAN TOURGUENEFF. . . *Premier Amour.*
110. OSCAR MÉTÉNIER. . . . *La Chair.*
111. GUY DE MAUPASSANT. . *Histoire d'une Fille de Ferme.*
112. LOUIS BOUSSENARD. . . *Aux Antipodes.*
113. PROSPER VIALON. . . . . *L'Homme au Chien muet.*
114. CATULLE MENDÈS. . . . *Pour lire au Couvent.*
115. MIE D'AGHONNE. . . . . *L'Enfant du Fossé.*
116. ARMAND SILVESTRE. . . *Histoires folâtres.*
117. DOSTOIEWSKY. . . . . . *Ame d'Enfant.*
118. ÉMILE DE MOLÈNES. . . *Pâlotte.*
119. ARSÈNE HOUSSAYE. . . . *Les Larmes de Jeanne.*
120. ALBERT CIM. . . . . . *Les Prouesses d'une Fille.*
121 HECTOR MALOT. . . . . *Le Mari de Charlotte.*
122. ÉMILE ZOLA. . . . . . . *La Fête à Coqueville.*

123. CHAMPFLEURY. . . . . . *Le Violon de faïence.*
124. A. EXCOFFON. . . . . . . *Le Courrier de Lyon.*
125. LÉON CLADEL. . . . . . *Crête-Rouge.*
126. MAXIME RUDE. . . . . . *Le Roman d'une Dame d'honneur.*
127. PIGAULT-LEBRUN. . . . *Monsieur Botte.*
128. CH. AUBERT. . . . . . . *La Marieuse.*
129. C. CASSOT. . . . . *La Vierge d'Irlande.*
130. CHARLES MONSELET. . . *Les Ruines de Paris.*
131. ALPHONSE DAUDET. . . *Les Débuts d'un Homme de Lettres.*
132. LOUIS NOIR. . . . . . . *La Vénus cuivrée.*
133. ALPHONSE DE LAUNAY. . *Mademoiselle Mignon.*
134. ALFRED DELVAU. . . . . *Le grand et le petit Trottoir.*
135. MARC DE MONTIFAUD. . *Héloïse et Abailard.*
136. TONY RÉVILLON. . . . . *L'Exilé.*
137. AD. BELOT & E. DAUDET. *La Vénus de Gordes.*
138. PAUL SAUNIÈRE. . . . . *Vif-Argent.*
139. Mme JUDITH GAUTIER . . *Les Cruautés de l'Amour.*
140. DUBUT DE LAFOREST. . . *Belle-Maman.*
141. PAUL ARÈNE. . . . . . . *Nouveaux Contes de Noël.*
142. ARSÈNE HOUSSAYE. . . . *La Confession de Caroline.*
143. ALEXIS BOUVIER. . . . . *Mademoiselle Beau-Sourire.*
144. CHARLES LEROY. . . . . *Le Capitaine Lorgnegrut.*
145. L. BOUSSENARD. . . . . *10.000 ans dans un bloc de glace.*
146. ÉLIE BERTHET. . . . . . *Le Mûrier blanc.*
147. F. CHAMPSAUR. . . . . . *Le Cœur.*
148. RENÉ MAIZEROY. . . . . *Souvenirs d'un Saint-Cyrien.*
149. GUÉRIN-GINISTY. . . . . *Les Rastaquouères.*
150. AURÉLIEN SCHOLL. . . . *Peines de cœur.*
151. CAMILLE FLAMMARION. . *L'Eruption du Krakatoa.*
152. ALEXANDRE DUMAS. . . . *La Marquise de Brinvilliers.*
153. G. COURTELINE. . . . . . *Madelon, Margot et Cie.*
154. CATULLE MENDÈS. . . . *Pierre le Véridique*, roman.
155. CH. DESLYS. . . . . *Les Buttes Chaumont.*
156. AD. BELOT ET J. DAUTIN. *Le Secret terrible.*
157. GASTON D'HAILLY. . . . *Le Prix d'un Sourire.*
158. MAXIME DU CAMP. . . . *Mémoires d'un Suicidé.*
159. RENÉ MAIZEROY. . . . . *La Dernière Croisade*
160. POUCHKINE. . . . . *Doubrovsky.*
161. HENRI MURGER. . . . . *Le Roman du Capucin.*
162. LUCIEN BIART. . . . . . *Benito Vasquez.*
163. BENJAMIN CONSTANT. . *Adolphe.*
164. MADAME LOUIS FIGUIER. *Les Fiancés de la Gardiole.*
165. ARMAND SILVESTRE. . . *Maïma*
166. VAST-RICOUARD. . . . . . *Madame Lavernon.*
167. ALEXIS BOUVIER. . . . . *Les Pauvres.*
168. JULES GROS. . . . . . . *Un Volcan dans les Glaces.*
169. ALFRED DELVAU. . . . . *Du Pont des Arts au Pont de Kehl.*
170. VICTOR MEUNIER . . . . *L'Esprit et le Cœur des Bêtes.*
171. ADOLPHE BELOT. . . . . *Le Pigeon.*
172. NIKOLAI GOGOL. . . . . *Les Veillées de l'Ukraine.*
173. JULES MARY. . . . . . . *Un Mariage de confiance.*
174. LÉON TOLSTOI. . . . . . *La Sonate à Kreutzer.*
175. SÉVIGNÉ (Mme DE) . . . . *Lettres choisies.*
176. FERDINAND DE LESSEPS. *Les Origines du Canal de Suez.*
177. LÉON GOZLAN. . . . . . *Le Capitaine Maubert.*
178. CH. D'ARCIS. . . . . . . *La Correctionnelle pour rire.*
179. ERNEST DAUDET. . . . . *Le Crime de Jean Malory.*
180. ARMAND SILVESTRE. . . *Rose de Mai.*
181. ÉMILE ZOLA. . . . . . . *Madeleine Férat.*
182. PAUL MARGUERITTE. . . *La Confession posthume.*
183. PIERRE ZACCONE. . . . . *Seuls!*
184. BEAUTIVET. . . . . *La Maîtresse de Mazarin.*
185. EDOUARD LOCKROY. . . *L'Ile révoltée.*
186. ALEXIS BOUVIER. . . . . *Les Petites Blanchisseuses.*
187. ARSÈNE HOUSSAYE. . . . *Julia.*
188. ALEXANDRE POTHEY. . . *La Fève de Saint-Ignace.*
189. ADOLPHE BELOT. . . . . *Le Parricide.*
190. EUGÈNE CHAVETTE. . . . *Le Procès Pictompin*

191. PIERRE BRÉTIGNY . . . *La Petite Gaby.*
192. ALEXANDRE DUMAS. . . *Les Massacres du Midi*
193. RENÉ DE PONT-JEST. . . *Divorcée.* A. Silvestre)
194. P. GINISTY. . . . . *La Seconde Nuit* (rom bouffe. Préf. par
195. PIERRE MAËL. . . . . . *Pilleur d'Epaves* (mœurs maritimes).
196. CATULLE MENDÈS. . . . *Jupe Courte.*
197. NIKOLAI GOGOL. . . . . *Tarass Boulba.*
198. CH. CHINCHOLLE. . . . . *Le Vieux Général.*
199. PIER. NEWSKY (DE CORVIN). *Le Fauteuil Fatal.*
200. LOUIS JACOLLIOT. . . . *Les Chasseurs d'Esclaves.*
201. CAMILLE FLAMMARION. . *Copernic et le système du monde.*
202. Mme DE LA FAYETTE. . . *La princesse de Clèves*
203. ADOLPHE BELOT. . . . . *Dacolard et Lubin.*
204. D. PEDRO DE ALARCON. . *Un Tricorne.*
205. LOUIS NOIR. . . . . . . *Un Tueur de Lions.*
206. ALFRED SIRVEN. . . . . *La Linda.*
207. CH. DICKENS, WILKIE COLLINS, G. A. SALA, E. C. GASKELL, HESBA SHETTON & ADÉLAIDE PROCTER. *La Maison hantée.* (Contes de Noël).
208. HECTOR MALOT. . . . . *Vices français.*
209. PIERRE MAËL. . . . . . *Le Torpilleur 29.*
210. JULES GROS. . . . . . . *L'Homme fossile.*
211. CATULLE MENDÈS. . . . *Jeunes filles.*
212. IVAN TOURGUENEFF. . . *Devant la Guillotine.*
213. ALFRED SIRVEN. . . . . *Etiennette.*
214. Mlle ROUSSEIL. . . . . . *La Fille d'un Proscrit.*
215. PAUL LHEUREUX. . . . . *P'tit Chéri* (Histoire parisienne).
216. LOUIS MULLEM. . . . . *Contes d'Amérique.*
217. ERNEST DAUDET. . . . . *Le Lendemain du péché.*
218. MIE D'AGHONNE. . . . . *Les Aventurières.*
219. PAUL ALEXIS. . . . . . . *Les Femmes du père Lefèvre.*
220. ALFRED DELVAU. . . . . *A la porte du Paradis.*
221. ALEXANDRE DUMAS. . . *Les Borgia.*
222. BERTOL-GRAIVIL. . . . . *Dans un Joli Monde* (Les deux
223 BERTOL-GRAIVIL. . . . . *Venge ou Meurs* Criminels).
224. ALFRED BONSERGENT. . *Monsieur Thérèse.*
225. CHARLES DESLYS . . . . *L'Aveugle de Bagnolet.*
226. GEORGE DE PEYREBRUNE *Jean Bernard.*
227. OSCAR MÉTÉNIER . . . . *Myrrha-Maria.*
228. G. COURTELINE . . . . . *Les Facéties de Jean de la Butte.*
229. L. BOUSSENARD. . . . . *Chasseurs Canadiens.*
230. YVES GUYOT. . . . . . . *Un Fou.*
231. ALEXANDRE DUMAS. . . *Marie Stuart.*
232. TANCRÈDE MARTEL. . . *La Parpaillotte.*
233. THÉO-CRITT. . . . . . . *Le Régiment où l'on s'amuse.*
234. CATULLE MENDÈS. . . . *Isoline.*
235. ALFRED DELVAU. . . . . *Les Cocottes de mon Grand-Père.*
236. JEAN REIBRACH. . . . . *La Femme à Pouillot.*
237. GEORGES COURTELINE . *Boubouroche.*
238. DANTE. . . . . *L'Enfer.*
239. EDOUARD MONTAGNE. . *La Bohème camelotte.*
240. CHARLES DICKENS. . . . *La Terre de Tom Tiddler.*
241. FRANCIS ENNE & FERNAND DELISLE. *La Comtesse Dynamite.*
242. ERNEST NOIROT. *A Travers le Fouta-Diallon et le Bambouc.*
243. JULES MARY. . . . . . . *Le Boucher de Meudon.*
244. PIERRE DELCOURT. . . . *Le Secret du Juge d'Instruction.*
245. ISMAËL HUCHER. . . . . *La Belle Madame Pajol.*
246. E. A. SPOLL. . . . . . . *Le Secret des Villiers.*
247. LOUIS JACOLLIOT. . . . *Voyage sur les rives du Niger.*
248. JEAN AICARD. . . . . . *Le Pavé d'amour.*
249. GÉRARD DE NERVAL. . . *Les Filles de feu.*
250. CATULLE MENDÈS. . . . *L'Art d'aimer.*
251 CAMILLE FLAMMARION. . *Clairs de Lune.*
352. G. COURTELINE. . . . . *Ombres parisiennes.*
253. CASANOVA. . . . . *Sous les Plombs.*
254. ALFRED DELVAU. . . . . *Miss Fauvette.*
255. ÉMILE [illegible]. . . . *Juff[illegible]*

www.ingramcontent.com/pod-product-compliance
Ingram Content Group UK Ltd.
Pitfield, Milton Keynes, MK11 3LW, UK
UKHW031837260826
14628UKWH00001B/435

9 782019 696023